APAIXONADO POR JUSTIÇA

tradução e adaptação
CAROLINA MOTOKI
IGOR ROLEMBERG
XAVIER PLASSAT

preparação
JOÃO PERES

revisão
TADEU BREDA

projeto gráfico & diagramação
DENISE MATSUMOTO

APAIXONADO POR JUSTIÇA

CONVERSAS COM SABINE ROUSSEAU E OUTROS ESCRITOS

Henri Burin des Roziers

SUMÁRIO

PREFÁCIO

ESCREVO ESTE TEXTO NA PEQUENA CIDADE DE FIGUEIRÓPOLIS, no sul do Tocantins, onde minha família vive desde 1986 e onde encontrei Henri des Roziers pela primeira vez. Ele visitou minha casa em companhia de nossa amiga comum, irmã Maria Luísa Pantarotto. Estávamos em 1989 e eu tinha apenas 16 anos. A figura esguia daquele homem, moldada pela elegância francesa que ele nunca perdeu e o sotaque forte que não conseguia deixar para trás, tiveram uma influência decisiva sobre mim. Embora eu não entendesse bem quem ele era ou o que fazia na minha casa, intuía que estava diante de um acontecimento importante — e estava feliz por poder vivenciá-lo. Desde então Henri foi uma fonte de inspiração. Persegui-o o quanto pude. Acabei envolvido com o mesmo grupo de Henri, seja na família dominicana, seja na Comissão Pastoral da Terra (CPT). Quando o líder sindicalista Expedito Ribeiro foi assassinado em Rio Maria, em 1991, e Henri estava ameaçado, eu fui, com um grupo de amigos, entre eles o Wilton Borges, passar uma temporada com ele e padre Ricardo Rezende no sul do Pará. Nem eu e nem os meus colegas sabíamos o quão profundamente marcados seríamos por aquela experiência — boa parte dela contada aqui pelo seu personagem central. Henri não falava tanto, mas, entre destemido e persistente, trabalhava incessantemente. Parecia não se render nunca, e isso, aliado à gentileza e à severidade que lhe eram próprias, dava à sua presença um traço particularmente marcante.

Piso agora o mesmo chão onde Henri trabalhou durante parte de sua vida. No assentamento onde meus pais vivem, penso na importância desse homem para a luta pela democratização da terra no norte do Brasil, que contaram e contam muito com o trabalho da CPT e de gente como Maria Luísa, Xavier Plassat, Aninha, Sávio, Ildete, Adilar, Jaime, Trindade, depois a Lília, o João Xerri, o Zé Fernandes e todos os outros que viveram com o Henri as coisas que ele conta neste livro, e das quais, posso testemunhar, eles se orgulham imensamente. Todas essas pessoas lerão este livro como coautores. Penso nas coisas que terão a dizer, nos desdobramentos, nas memórias evocadas, nos objetos guardados e, principalmente, na emoção e nas lágrimas. Henri é, sem dúvida, a principal fonte de inspiração de um grande número de pessoas. Mas não só isso: ele é parte de uma rede, de gente que se inspira conjuntamente, que se encontra, que se anima e que anima o povo dessa região. Ao ler o livro, qualquer um sente como o espírito comunitário é importante para dar sentido e ânimo à vida de um homem. Embora atos individuais sejam indispensáveis no tipo de luta empreendida por Henri, eles não estão desconectados de outras iniciativas: são apenas *nós* de uma grande rede. Henri soube como ninguém que tudo o que somos é parte de uma história coletiva, produto de nossas relações e amizades. E soube, tanto quanto eu e você, que nossas vidas podem — e devem — ser mais do que uma experiência burocrática e isolada. Conforme lemos este livro, folheando as páginas e se emocionando com as histórias, amadurecemos a certeza e o desejo de que toda vida seja, sempre, uma vida política. Acho que isso está resumido no curioso verbo — de uso corrente entre militantes de direitos humanos brasileiros, e amplamente utilizado por Henri — "articular", definido por ele mesmo como a capacidade de envolver outras pessoas e organizações para evitar o isolamento, e entender cada caso como detentor de um potencial político. Pensar no *nó* que amarra a rede. No fundo, Henri sempre quis viver a utopia de Montesinos e seus irmãos, naquela comunidade primeira, que converteu Las Casas, quem tanto lhe inspirou ao longo dos anos. "Eu tentei viver como ele", Henri confessou previsivelmente nas últimas páginas deste livro.

Como resultado, esta obra evita o cabotinismo. Não quer apenas contar a história de um homem, mas de uma luta, na medida em que esse homem se envolveu em alguns dos episódios mais interessantes de seu tempo. Por ele, conhecemos a vida de outras pessoas, líderes políticos, religiosos, militantes, estudantes, jovens, pobres e operários, e, com eles, acessamos a história da própria época que os fez emergir como agentes de mudança. Ao dar-se a conhecer, Henri revelou os outros, contou a estratégia de sua luta, confessou dramas que são de todos os militantes, homens e mulheres que, como ele, revoltam-se contra as injustiças. Este livro, por isso, não é só indispensável por nos apresentar, em primeira pessoa, a luta de um homem contra a impunidade e a injustiça: é imprescindível porque conta a história das próprias lutas por meio das quais esse homem se tornou quem foi, junto com seus companheiros e companheiras, como parte da história mesma dos povos e das nações que ele conheceu, jogando novas luzes sobre capítulos importantes que, muitas vezes, permanecem desconhecidos. E o faz — ato contínuo — não a partir dos vencedores, mas sob o olhar dos oprimidos. Afinal, o próprio Henri parece ter sido apenas um daqueles *nós* articuladores, unidos por fios infinitos.

É isso o que torna este livro importante e necessário. Um livro-diálogo, falado — e escrito — de forma direta, simples e elegante. Quase um tratado de militância, não uma *arte da guerra*, mas uma *arte da luta*, que revela um estrategista apaixonado pela justiça e, assim, ao mesmo tempo, furioso contra as injustiças. Por isso, o que Henri conta aqui sobre sua estratégia de trabalho, que une a sensibilidade em relação às injustiças, a ação jurídica e a denúncia pública, serve como orientação para militantes, advogados e cidadãos que dividem com ele os mesmos incômodos, as mesmas indignações e a mesma vontade de mudar as coisas. Em um dos trechos mais significativos do livro, o padre-advogado explicitou seu método: "Minha tendência sempre foi a de levar as lutas com esta dimensão, usar os processos como uma arma jurídica para fazer valer o direito e, ao mesmo tempo, usar o processo como uma arma política nas denúncias que fazíamos junto à opinião pública." A sentença desvela a autoconsciência de um homem que fez de sua vida uma ferramenta de defesa da verdade, e que levou até o fim as consequências dessa opção, deixando os gabinetes da vida acadêmica e as burocracias conventuais para atirar-se na aventura da justiça, cujo símbolo máximo as páginas desse livro revelam. "O contato direto com as vítimas sempre foi fundamental", declarou, acrescentando: "Eu acho que eu nunca fiz nada sem conhecer bem as vítimas." Eis a coerência que preencheu o coração de Henri com a indignação, a compaixão e a coragem, algo que, afinal, torna esse livro uma *aula* de luta em favor dos direitos humanos, ou uma *pregação* lúcida e audaciosa, em uma Igreja cheia de fazendeiros.

O livro mostra, ainda, como Henri construiu uma ponte entre dois mundos, promovendo um encontro entre o estudante francês da Sorbonne de Maio de 1968 e o sem-terra do sul do Pará; fazendo com que os jovens *katangais* compartilhassem seus destinos com os jovens vítimas do trabalho escravo da Amazônia; com que advogados da região francesa da Haute-Savoie servissem de exemplo para os advogados do Norte do Brasil; com que os frades franceses se enxergassem em Tito de Alencar e nos jovens frades brasileiros que lutavam contra a ditadura; com que o humanismo cristão se encontrasse com a teologia da libertação; com que Congar, Chenu e o cardeal Arns sentassem à mesma mesa; com que o Centro Saint-Yves e a CPT se reconhecessem reciprocamente; com que a autoridade jurídica do advogado se unisse, afinal, à autoridade moral do religioso. E tudo isso recusando colonialismos e eurocentrismos tão comuns nessa seara. Lendo este livro, entendemos que a fonte da experiência de Henri na França era a mesma das lutas que ele levaria adiante no Brasil, anos mais tarde. O livro evidencia que era o mesmo homem, a mesma teimosia, a mesma paixão pela justiça, a mesma esperança.

Exatos quarenta anos depois de sua chegada ao Brasil, e enquanto espalhamos suas cinzas sobre a terra que há de ser livre e plena de justiça, este livro nos oferece a imagem de um homem que não pertenceu a parte alguma e, precisamente por isso, foi capaz de imergir seus pés tão profundamente nas terras por onde andou, entre gentes pobres, pistoleiros e autoridades de todo tipo, sem vacilações. Como escreveu Octavio Paz, "quem viu a esperança não a esquece jamais". Henri sempre teve ótima memória. Como herdeiro da longa tradição da Família Dominicana, seu testemunho não é obra nativa: tem antiguidades de oito séculos. Ele leva a tocha que lhe foi transmitida pelos outros que o precederam e que, leitores, assumimos também para nós. Afinal, o mais importante do livro não parece ser a história do que Henri foi, mas a pergunta sobre quem *nós* podemos ser a partir dele.

— **JELSON OLIVEIRA**
PROFESSOR DO PROGRAMA DE PÓS-GRADUAÇÃO
EM FILOSOFIA DA PUC-PR, LEIGO DOMINICANO.

*

O texto desse prefácio foi escrito na pequena cidade de Figueirópolis, no sul do Estado do Tocantins, no meio do sertão, coração do Brasil, no dia 6 de julho de 2017, quatro meses antes do falecimento de Frei Henri, em Paris, em 26 de novembro. Quando leu este texto, Henri enviou um e-mail a Frei Xavier Plassat e a mim. Palavras tão generosas que merecem ser reproduzidas aqui, porque, afinal, revelam a magnanimidade, a modéstia e a gentileza que lhe eram próprias:

> Caro Jelson. O prefácio que você escreveu para meu livro me comoveu muito! Eu também me lembro muito bem de nosso primeiro encontro na casa de sua família, em Figueirópolis, onde me acompanhou a irmã Maria Luisa Pantarotto. Essa lembrança lhe impressionou muito, como a mim. Dela nasceu nossa amizade e deve ser por isso que você me elogia tanto no seu belíssimo prefácio. Suas palavras são frutos dessa amizade que se ilude sobre as qualidades de seu amigo, mas elas são importantíssimas para mim porque são como uma meta espiritual que orienta a minha vida. Obrigado, querido cantor poético da nossa Comissão Dominicana de Justiça e Paz do Brasil!

Ora, aqui no livro, embora já falecido, Henri permanece vivo. Ler, afinal, é também ressuscitar. Suas palavras são evocação de memória, força de milagre. Para quem o conheceu, o livro traz saudade. Para quem não, que o livro traga inspiração.

No Fórum de Xinguara, para consultar processos.
Foto: Arquivo CPT

Primeira parte

CONVERSAS COM **SABINE ROUSSEAU**

Introdução à edição francesa

Henri Burin des Roziers não queria contar sua vida. Segundo ele, apenas as lutas compartilhadas que trilhou com aqueles com quem se encontrou ao longo de sua existência mereciam atenção e poderiam se tornar objeto de um livro: a tomada de palavra pelos estudantes do Quartier Latin no Maio de 1968, a defesa dos mais frágeis — moradores de rua, trabalhadores migrantes, doentes, pequenos camponeses — na região da Haute-Savoie dos anos 1970, o combate pela justiça junto aos lavradores sem-terra da Amazônia durante os trinta anos seguintes. Solicitado pelas Éditions du Cerf, e apressado por sua família e amigos, curiosos para conhecer melhor o conjunto de seus engajamentos, Henri finalmente aceitou se render às perguntas que deram origem a este livro, com a condição de que as entrevistas permitissem inserir sua trajetória pessoal em uma perspectiva histórica, em um contexto político, social e religioso. Ao me escolher, enquanto historiadora, como interlocutora, ele quis se precaver de toda tentação biográfica ou, pior ainda, hagiográfica: eu deveria respeitar sua vontade declarada de desaparecer por trás das experiências vividas, ao mesmo tempo que tentava convencê-lo a se entregar o suficiente para compreender as escolhas que fez ao longo da vida de frade dominicano, presente no *front* das injustiças.

Este livro é o resultado de dezesseis horas de entrevistas, divididas em nove sessões, gravadas no convento Saint-Jacques, em Paris, em julho de 2015. As conversas diárias forneceram a trama geral. Acrescentei alguns fragmentos de entrevistas pontuais, realizadas e gravadas entre março e agosto de 2014 por ocasião de outras pesquisas, antes que o projeto deste livro tivesse nascido. Tais acréscimos, pouco numerosos, trouxeram especificações úteis quando a memória vacilava, mas, no fim, a comparação das gravações mostrou certa estabilidade da narrativa.

A estrutura geral do livro não acompanha necessariamente o curso de uma vida: para respeitar nosso "pacto não biográfico",[1] eu evitei as primeiras questões clássicas sobre o meio familiar e a infância. Abordamos esses aspectos mais adiante, quando se demonstraram necessários para entender os engajamentos posteriores. Construí as questões em torno de quatro "espaços-tempo": os anos de formação: Paris, Cambridge, Étiolles; o ano de 1968 no Quartier Latin, em Paris; a década de 1970 na Haute-Savoie; e a virada do século no Brasil. Mas não nos privamos de saltos cronológicos quando passagens entre um tempo e outro eram possíveis. Em vista de uma maior coerência, a ordem das questões e

---

1 Falar de si, procedimento que se situa no centro do "pacto autobiográfico", definido por Philippe Lejeune como "compromisso de uma pessoa real para falar de si dentro a partir de uma disposição para a verdade" (*Écrire sa vie, du pacte au patrimoine autobiographique*, Paris: Éditions du Mauconduit, 2015, p. 17, sem tradução para o português) não constituía o objeto principal dessas entrevistas. No entanto, uma "identidade narrativa" se constrói ao longo do relato retrospectivo centrado inicialmente sobre os compromissos de uma vida.

das respostas foi ligeiramente reorganizada na montagem, mas a estrutura do todo permanece ritmada por esses quatro momentos. No interior de cada uma dessas seções, o encadeamento das proposições nasceu do encontro entre minhas questões e as respostas de Henri. Às vezes uma pergunta suscitava uma resposta inesperada, ou desvinculada, exigindo, por sua vez, outra pergunta, um desvio, ou um passo atrás, que eu decidi apresentar ao leitor.

Minhas questões são, na maioria das vezes, amplas e abertas para deixar o pensamento se desenvolver e se construir livremente. Mas elas se tornam mais fechadas, mais precisas e mais numerosas quando as lembranças necessitam ser reavivadas, as opiniões, detalhadas, e o pensamento, esclarecido. A descrição dos lugares, o retrato das pessoas encontradas, a apresentação das motivações mais profundas, as impressões sobre o clima social, constituem passagens nas quais a fala é mais fluida. O contexto histórico, os trâmites judiciais, a organização da luta política, os prós e contras de um caso, as escolhas filosóficas e teológicas, questões mais difíceis de serem enunciadas, requerem mais maiêutica.[2]

Frutos de um encontro entre um ator social e uma historiadora, as entrevistas seguem um caminho que revela a visão de mundo daquele que, aos 85 anos de idade, com mobilidade reduzida, aceitou com confiança um retorno sobre si mesmo, sobre uma vida consagrada à ação militante. Eis a razão pela qual decidi permitir ao leitor acessar as entrevistas o mais próximo possível de seu desenrolar, evitando toda reconstrução *a posteriori*. Acompanhar os contornos de nossa conversa permite entrar melhor no relato oferecido por Henri, evocando os compromissos de uma vida e tornando possível entender melhor suas consequências.

---

2 Maiêutica é o nome que se dá à arte do diálogo inventada por Sócrates na Grécia Antiga. [N.T.]

Nesse sentido, a transcrição das entrevistas foi feita da maneira mais fiel possível às gravações. A espontaneidade das respostas, a liberdade de tom e o sabor das palavras precisavam ser restituídos com justeza para nos fazer escutar, ao máximo, a voz de Henri. A adequação, inevitável, para passar da linguagem oral ao texto escrito e tornar a leitura mais natural, foi mínima, reduzida ao estritamente necessário. Este trabalho foi inteiramente realizado a quatro mãos: a releitura, as eventuais reformulações e a eliminação de resíduos foram feitas em comum acordo, durante uma nova semana de trabalho no convento Saint-Jacques no outono de 2015. Como resultado, nós desejamos guardar o caráter espontâneo dessas conversações, cujas entonações, hesitações, exclamações, repetições e silêncios buscamos restituir.

Acrescentei algumas notas quando o relato merecia ser colocado em perspectiva, quando uma alusão pedia um aprofundamento ou quando um evento remetia a uma referência bibliográfica. Sem serem exaustivas, foram concebidas para servir de apoio ao relato, tornar a leitura mais rica, sem, no entanto, deixá-la pesada. O recurso aos arquivos sobre Maio de 1968 e sobre as lutas ensejadas na Haute-Savoie nos anos 1970, conservados por Henri e seus amigos, a leitura das correspondências que ele enviava do Brasil a seus familiares e amigos, assim como os comunicados endereçados a sua rede de apoio e à imprensa, permitiram cruzar informações e esclarecer as lembranças um pouco mais espaçadas.

As entrevistas devem permitir a compreensão da personalidade de um homem que fez de sua vida um combate contra as injustiças. E convidar o leitor a tomar a medida, para além de toda mitologia ou "heroicização", de uma vida contada ao vivo.

Eu gostaria de agradecer a Henri por ter me oferecido toda sua confiança e por ter compartilhado comigo toda a riqueza de seus engajamentos.

Agradeço também a seus amigos fiéis, Claude Billot, Régis Morelon e Régis Waquet, que acompanharam esse projeto, facilitaram de forma eficaz nossos encontros, vasculharam corajosamente seus arquivos e sua memória, e releram atentamente a transcrição de nossas entrevistas.

Agradeço ainda a Nathalie Viet-Depaule e Nathalie Ponsard pelos conselhos e pela vigilância. Agradeço, por fim, aos frades do Convento Saint-Jacques, que me acolheram, e a todos aqueles e aquelas que me apoiaram e encorajaram na realização dessa empreitada apaixonante.

— **SABINE ROUSSEAU**
JANEIRO DE 2016

Nos Alpes, com o CIHM,[3]
Natal de 1968.
Foto: Didier Laurent

3 Chalés Internacionais de Alta Montanha (CIHM), associação esportiva e cultural constituída em 1952. [N.T.]

CAPÍTULO 1

Raízes

Vamos retomar juntos seus sucessivos engajamentos: em Paris, durante os anos 1960, na Haute-Savoie, nos anos 1970, depois no Brasil, onde você viveu de 1979 a 2013. Você entrou na Ordem dos Dominicanos em 1958. Em qual contexto você fez essa escolha?

Eu entrei no noviciado em Lille, em janeiro de 1958. Na época havia as guerras de descolonização, que eram acontecimentos muito importantes. Havia a guerra da Indochina. Eu fiz meu serviço militar tardiamente, em 1954, na época de Mendès France, pois me beneficiei de uma licença para preparar minha tese. Fiquei num regimento que treinava para ir à Indochina, mas fui enviado para a Tunísia, porque Mendès havia terminado a guerra depois de Dien Bien Phu.[4] O conflito

4 Pierre Mendès France foi primeiro-ministro da França entre 18 de junho de 1954 e 5 de fevereiro de 1955. Depois da derrota francesa diante dos combatentes vietnamitas (conhecidos como *viet-minh*, nome do movimento de libertação nacional criado por Ho Chí Minh) em Dien Bien Phu em 7 de maio de 1954, as negociações levaram à assina-

na Argélia se iniciava.[5] Fui primeiramente para Kaiouran, na Tunísia. Foi excelente. Eu era militar, mas era como se estivesse fazendo turismo! Íamos ao deserto, era muito bonito. Em seguida, fui para a Argélia sem que acontecesse nada de especial, e depois me enviaram ao Marrocos, a Meknès, mas também lá, nada de grave aconteceu. Por fim, retornei para a Argélia, onde começava realmente a haver uma guerra, mas fiquei lá por pouco tempo, já que havia praticamente terminado meu serviço militar.[6]

Na Argélia, minha unidade ficava no interior, para defender uma área onde existiam grandes fazendas de colonos [franceses], que eram atacados à noite pelos *fellaghas*[7] e, frequentemente, mortos. Os destacamentos aos quais eu pertencia eram encarregados de fazer a segurança dessas propriedades. Havia, em particular, uma fazenda de colonos — não uma grande fazenda, pois não se tratava de gente rica — num lugar relativamente pobre, com areia, areia, areia... Ele [o colono] era um cara que trabalhava bastante, era muito ameaçado — morria de medo — e a gente estava lá para lhe oferecer proteção. Fazíamos rondas numa via-

---

tura dos acordos de Genebra em 21 de julho de 1954, pondo fim a oito anos de guerra e prevendo a retirada das tropas francesas num prazo de dois anos. Henri fez sua preparação na Escola de Recrutas de Tarbes e, depois, na escola de oficiais da reserva em Saumur, de maio a outubro de 1954.

5 Durante o feriado de Todos os Santos de 1954, a Frente de Libertação Nacional lança uma onda de atentados contra os colonos franceses na Argélia, inaugurando oito anos de guerra, que termina com o reconhecimento da independência e a assinatura dos Acordos de Evian em 18 de março de 1962.

6 Henri ficou na Tunísia de janeiro a maio de 1955; na Argélia e no Marrocos, alternadamente, de maio a outubro de 1955; depois, na Argélia, na região de Constantine, de outubro de 1955 a março de 1956.

7 *Fellagha* é uma palavra da língua árabe usada para se referir aos combatentes engajados na luta de libertação nacional da Argélia. [N.T.]

tura blindada à noite e durante o dia. A gente o via, e reconheço que era muito comovente, porque ele tinha muito medo de ser assassinado, mas nós não podíamos ficar somente nas proximidades de sua propriedade, porque tínhamos toda uma área a proteger. A gente tentava passar com a máxima frequência possível, mas era muito fácil ele ser assassinado entre um turno e outro da ronda. Ouvia-se dizer que havia colonos assassinados. Eu senti isso de maneira muito forte durante esse momento. Era bastante comovente porque ele tinha uma mulher muito simples e três filhinhas maravilhosas, e era verdade que ele podia ser assassinado, pois a gente sabia que isso acontecia. Ele não era de modo algum um "grande"; os "grandes" estavam situados mais na planície. Eu vi a guerra através do sofrimento dos colonos. Me lembro de uma vez quando caímos numa emboscada. Um cara foi ferido, mas não gravemente. E isso foi tudo. Terminei meu serviço [militar] em 1956 e voltei para a França. A parte mais difícil da guerra começou depois, sob Guy Mollet.[8]

Tudo isso me fez refletir bastante. Especialmente sobre o significado da força. Eu me desfiz da visão simplista sobre o sofrimento do francês da Argélia. Pouco a pouco, percebi uma nova dimensão, a força de um país que queria sua independência: algo realmente extraordinário, para além dos *fellaghas* que faziam também barbaridades, que não podemos negar. Eu me desfiz dessa visão para compreender a motivação que os levava a agir. A gente fazia patrulhamento, eu via a atitude de dominação dos soldados em relação à população local: a gente chegava e era preciso

---

8 Presidente do Conselho de Ministros da França entre 1° de fevereiro de 1956 e 13 de junho de 1957, Guy Mollet obteve poderes especiais, aumentou a repressão e conferiu importantes atribuições ao exército francês na Argélia. Em seis meses, dobrou os efetivos militares através do recrutamento e do aumento do tempo de serviço.

logo em seguida cercar os vilarejos para perseguir os resistentes, às vezes escondidos em barracos, os *gourbis*.[9] Sentíamos um povo que era oprimido por nós. Eu percebi que a sede de independência de um povo é algo que não pode ser sufocado. Comecei a perceber isso através da guerra que se iniciava na Argélia: era o povo argelino que queria sua independência.

Você não tinha terminado seus estudos...

Como eu tinha ido bem em meus estudos,[10] os professores de Direito se interessaram por mim e acabei embarcando numa tese [de doutorado], para conclusão dos estudos superiores de Direito, a convite de um professor de Direito Comparado. Era um cara impressionante, de notoriedade internacional. Ele se tornou meu orientador. Para quem tivesse em vista a *agrégation de droit*,[11] o que meus professores me estimulavam a fazer, a tese se tornava então algo muito importante; mesmo não sendo uma *thèse d'État*,[12] ela deveria ser muito boa. Ele me propôs um assunto um pou-

---

9 Tipo de habitação precária existente na África do Norte. [N.T.]

10 Depois de obter aprovação no exame de conclusão do ensino médio [*baccalauréat*] com especialidade em Filosofia, Henri fez um ano de *hypokhâgne* [como se chama o tempo de estudo nas prestigiadas "classes preparatórias" francesas] no liceu Henri IV, em Paris, e depois fez o curso de Direito. Ele obteve o diploma de estudos superiores em Direito Público em 1953, e começou uma tese de doutorado em Direito Comparado, intitulada *A distinção do Direito Civil e do Direito Comercial, e o Direito Inglês*, em 1956. Defendida em dezembro de 1957, recebeu em 1959 o prêmio Levy Ullman da Faculdade de Direito da Universidade de Paris, que reconhecia a melhor tese do ano.

11 *Agrégation de droit* é um concurso específico do sistema francês, cujo diploma seria equivalente, no Brasil, a algo como "licenciatura", e que permite ao aprovado dar aulas no ensino médio ou superior. [N.T.]

12 *Thèse d'État* é, na França, um antigo diploma de doutorado. [N.T.]

co mais acadêmico, não muito interessante: na Inglaterra havia a *Common Law* que trata de todos os assuntos, e não distingue, como é o caso na França, o Direito Civil do Direito Comercial; discutia-se à época, um pouco, uma reforma na França, e tratava-se de saber se a distinção entre Direito Civil e Direito Comercial se justificava. Lamento que ele tenha me dado esse tema; havia outros muito mais interessantes.

Quando terminei meu serviço militar no norte da África, estudei primeiro o tema na França, na biblioteca da faculdade de Direito e na biblioteca Sainte-Geneviève. Depois fui para Inglaterra, em 1956, para Cambridge. Fiquei lá durante um ano acadêmico: cheguei em setembro e fui embora em julho. Fiquei no Saint-John's College, mas eu não morava lá; aluguei um pequeno apartamento na cidade. Eu pertencia a Saint-John: obedecia a todo o regulamento, aos horários, às instruções, às refeições com a beca... Lá, eu estudei bastante. Havia toda uma vida social, mas eu participei muito pouco daquilo que se chamava "a grande vida dos *colleges* ingleses". Tinha pouco tempo. Na verdade, visitei muito pouco o resto da Inglaterra; um pouco Londres, Oxford...

Quando cheguei a Cambridge, depois do meu serviço militar, eu já tinha mais ou menos a ideia da vocação religiosa. Acho que até falei disso para meus pais. Não me lembro mais. Era ainda algo incerto. Conhecia um dominicano do convento da Anunciação no Faubourg Saint-Honoré em Paris, amigo de meus pais, que me havia dito que eu poderia ver o padre Congar no exílio em Cambridge. Conhecia pelos jornais a história dos padres operários. Em Cambridge, encontrei o padre Congar, que estava realmente exilado. O padre Chenu tinha sido *assignado*[13]

13 Nas ordens religiosas, quando uma pessoa é enviada ou transferida para determinada comunidade ou determinado convento, fala-se que ela é *assignada*, conforme uma antiga palavra. [N.T.]

em Rouen pelo papa — não sei qual papa conservador tomou esta decisão[14] — e Congar, na Inglaterra, com a proibição de publicar e de fazer palestras. Totalmente vergonhoso. Ao chegar lá, fui rapidamente ao seu encontro no pequeno convento dos Blackfriars,[15] onde ele estava. Eu o vi, muito educado, mas muito frio. Fui vê-lo ao menos uma vez a cada quinze dias, todos os meses. Eu vi o padre Congar com certa frequência, e ele me impressionou bastante pelo seu físico, sua seriedade e sua reflexão. Ele era muito gentil comigo, muito paciente. Ao longo de nossos encontros, ele não falava muito. Eu também não falava muito, não sabia nada de teologia. Eu tinha ouvido falar dele um pouco através dos jornais no momento do caso dos padres operários. Eu não sabia nada de religião nessa época, e tinha o cuidado de não me passar por ridículo. Havia longos momentos de silêncio, mas eu pude ainda assim ouvir seu ponto de vista. As reflexões e os silêncios, os "silêncios falados" entre nós, me ajudaram. Esses encontros com Congar não constituíram "o momento definitivo" que me levou à decisão, mas me ajudaram a refletir sobre a vocação religiosa e a vocação dominicana.

---

14 Pio XII, papa de 1939 a 1958. No momento da crise com os padres operários, em fevereiro de 1954, Yves Congar (1904–1995) foi afastado do [convento dominicano do] Saulchoir e do ensino, e seus escritos foram submetidos à censura. Vítima da mesma purgação dominicana, Marie-Dominique Chenu (1895–1990) foi enviado para o convento de Rouen, nas mesmas condições. Ver Étienne Fouilloux, Congar Yves, *Dictionnaire biographique des frères prêcheurs*, Tangi Cavalin & Nathalie Viet-Depaule (orgs.), publicado em 5 de maio de 2015, consultado em 18 de agosto de 2015; e, do mesmo autor, *Chenu Marie-Dominique*, publicado em 25 de abril de 2015, consultado em 18 de agosto de 2015. Disponível em <http://dominicains.revues.org>.

15 Congar passou uma temporada no Blackfriars Cambridge Dominican Priory entre fevereiro e dezembro de 1956. Henri, tendo chegado em setembro, o visitou logo no início de sua estadia.

Qual foi a influência do padre Congar em sua escolha pela Ordem dos Dominicanos?

Com o padre Congar, o importante não foi tanto um esclarecimento sobre a vocação dominicana. O que me marcou no encontro foi o fato de ele ter sido condenado por Roma, junto com o padre Chenu, em 1954, por causa dos padres operários, em relação aos quais eles fizeram uma defesa teológica. O importante para mim foi o sentido de liberdade desses dominicanos, que haviam feito uma pesquisa, uma justificação teológica sobre um problema candente, e que defenderam com liberdade aquilo em que acreditavam enquanto teólogos. O que não correspondia à visão de Roma à época. O que me impressionou muitíssimo foi a coragem e a liberdade desses homens. E eu tinha percebido, por meio das conversas com Congar e outros, que boa parte da província dominicana estava ligada a eles, os defendia, nas condições possíveis. Eles não foram de modo algum marginalizados pela província dominicana, que tinha sido obrigada por Roma a afastá-los, mas permaneceram, ao contrário, frades ainda mais queridos e respeitados, ao menos Congar. Para mim era algo muito importante a liberdade dentro da Igreja, esta liberdade dos homens que não têm medo de afirmar suas ideias mesmo quando arriscam punições internas. Na história dos padres operários que havia lido nos grandes jornais, *Le Monde*, *Le Figaro*, descobri que existia, na Igreja, elementos mais reacionários que eram totalmente contra: os padres não tinham nada a ver com o meio operário, diziam eles. Eu via toda uma parte da Igreja que era ferozmente contrária aos padres operários. A mim, ao contrário, isso impressionou bastante. Eu achava muito bonito que padres partissem para o meio operário; muito bonito e fundamental. Tive a chance de poder encontrar um dominicano que foi marginalizado pelo Vaticano por causa de suas ideias. Congar dava prova de coragem ao se submeter às sanções; ele sofria muito. Conheci mais tarde, nos anos 1980, quando estava no Brasil, um outro grande teólogo, Leonardo Boff, também condenado, que não aceitou as sanções e decidiu sair da instituição eclesial.[16] Enquanto Congar, bem ou mal, permaneceu, porque não queria cortar os laços com a Igreja — entendida como uma comunidade de fiéis em relação aos quais não se marginaliza. Isso era muito forte e bonito. Apesar de seu afastamento compulsório e de sua marginalização oficial, ele conservou suas convicções. Com esse testemunho do padre Congar, reduzido ao silêncio, mas respeitando a ordem de que assim permanecesse, encontrei um símbolo da liberdade de pensamento num momento em que não éramos livres para pensar dentro da Igreja sobre um tema que me tocava: a classe operária.

Em seguida, para mim, isso foi ainda mais eloquente, pois, quando começou o Concílio,[17] esses teólogos foram os mais procurados pelos bispos como especialistas, e eles foram essenciais, capitais, no Concílio Vaticano II. Isso me esclareceu e me fez refletir bastante sobre o que é a liberdade.

O que era a vocação religiosa para você? E a vocação dominicana?

Para mim, a vocação era simplesmente, como pensávamos à época, entrar numa ordem ou numa congregação, qualquer que fos-

---

16 Leonardo Boff (1938), franciscano brasileiro, secularizado em 1992.

17 Após a morte de Pio XII, em 1958, seu sucessor João XXIII convocou o Concílio Vaticano II, que se reuniu em Roma, em quatro sessões, entre 1962 e 1965. Congar foi nomeado *expert* oficial em 1962 e teve um papel decisivo a partir de 1963. Chenu acompanhou o Concílio enquanto *expert* particular de um bispo, mas inspirou a constituição pastoral *Gaudium et Spes* [Alegria e esperança].

se, optando pelo celibato, pelas regras de vida e pelas formas de apostolado dessa congregação religiosa.

A vocação dominicana, que pouco a pouco foi surgindo, não é uma vocação contemplativa, é uma vocação contemplativa *e* ativa. Para mim, isso era muito importante. A vida dominicana, com seus ofícios — laudes, vésperas, completas, faladas ou cantadas, celebradas em comunidade, que permitiam longos tempos de silêncio propícios à contemplação — logo me seduziu. Mas os frades tinham também atividades apostólicas ou missionárias na *cité*, no mundo operário ou no da pesquisa em filosofia, sociologia, teologia... ou ainda como capelães de estudantes, de movimentos leigos. Nessas atividades, o [ser] religioso se torna mais claro. Há outras congregações que se dizem contemplativas e ativas, mas a estrutura dominicana era mais clara para mim.

Você se preocupava naquele momento com a mudança da Igreja católica e da sociedade?

Fui educado dentro de uma prática tradicional. Nunca fui, na verdade, um bom estudante cristão, como se diz, que faz parte dos grupos cristãos da universidade: de jeito nenhum. Eu era apenas um triste individualista. No entanto, ao fim dos meus estudos secundários, eu participei das Conferências São Vicente de Paula[18] e, um pouco mais tarde, durante meus estudos universitários, acredito que continuei fiel à participação. As conferências foram muito importantes para mim. A vantagem é que me per-

---

18 A Sociedade de São Vicente de Paula, também conhecida por Conferências Vicentinas, é um movimento católico de leigos que se dedica, sob o influxo da justiça e da caridade, à realização de iniciativas destinadas a aliviar o sofrimento do próximo, em particular dos social e economicamente mais desfavorecidos. Foi fundada na França em 1833 por Antoine Frédéric Ozanam.

mitiam estar em contato com a pobreza, com a gente pobre da época. Eu me lembro de uma ocasião que me marcou muito, que me fez tomar consciência de coisas que fizeram evoluir minha vocação. Depois da guerra, durante os anos 1950, a Conferência São Vicente de Paula, no contexto de miséria qual a França se encontrava, com seus problemas de moradia e carestia, enviava seus membros para os bairros mais pobres de Paris, aos lugares em reconstrução, para visitar as famílias. Fui enviado a uma família de cinco, seis, sete ou oito crianças — não sei mais — que moravam numa casa bem perto de uma fábrica de aviões, a SNECMA, onde o pai trabalhava. Eles tinham uma pequena sala de entrada, uma pequena cozinha e um grande quarto onde todo mundo vivia, porque havia uma crise terrível de moradia no pós-guerra. Foi uma experiência que me marcou bastante e que me fez questionar minha própria vida: eu vivia com meus pais no oitavo distrito de Paris, num ambiente burguês. Meus pais reformaram um belo quarto no sexto andar [do prédio] para mim, onde eu tinha autonomia. Era muito bom para trabalhar e receber os amigos. Esse contraste me fez questionar bastante.

Como um "mau estudante cristão" pode se tornar religioso?

As coisas evoluem durante a vida. Eu só entrei para a Ordem com 28 anos. Eu tive [antes] um longo tempo durante o qual não fiquei parado. Meus pensamentos, minha reflexão e meu coração não estavam mortos, não ficaram estacionados. Eu refleti. Congar despertou positivamente em mim alguma coisa, sobretudo seu compromisso acerca de um problema social, o problema dos pobres, pois os operários, naquela época, eram considerados pobres. Isso foi amadurecendo durante esse tempo, inclusive durante meu serviço militar.

Durante seu serviço militar ou quando você retomou seus estudos, você disse para alguém que pensava em se tornar religioso?

Acho que disse a meus pais uma vez, enquanto estava de folga [do serviço militar]. Disse que estava trabalhando um pouco com essa ideia. Eles me disseram que, de todo modo, eu deveria terminar meus estudos. Isso era indispensável, e eu veria isso mais tarde. Congar me disse a mesma coisa, aliás. Foi o que fiz. (Espero que vocês estejam admirados diante de minha obediência, que já existia em mim antes mesmo de ter que fazer os votos de obediência!). Toda essa reflexão se aprofundou aos poucos durante meu ano acadêmico na Inglaterra, mas não amadureceu muito depressa. Eu continuava a viver como um descrente. Não me tornei de uma hora para outra um piedoso devoto. Eu era um estudante responsável, não fazia muitas estripulias, mas vivia normalmente, via os amigos, ia a festinhas, nada de mais, porque essas coisas não me interessavam muito. Na medida em que a ideia da vocação religiosa progredia lentamente, meus pais souberam aos poucos que minha decisão se aprofundava. Quando ela se tornou definitiva, eu ainda fazia meus estudos. Eles estavam a par [de tudo].

O que você esperava ao entrar para as ordens religiosas?

Minha perspectiva de vida profissional estava orientada para uma vida de estudos, de professor de Direito, que faz pareceres para empresas, bancos, companhias de seguro, sobre problemas jurídicos difíceis. Eu via o que faziam os meus professores. E, aos poucos, fui me dizendo: "Se for isso minha vida...". Quanto mais essa perspectiva se aproximava, mais eu me dizia que isso não me interessava. E não me interessava também por me tornar um homem de negócios. Eu sentia que não estava interessado em ter uma "vida normal", por assim dizer.

Sempre fui bastante contemplativo. Eu gostava bastante dos momentos de contemplação em meio à natureza. Quando estive na Haute-Savoie, a abadia de Tamié não ficava muito distante, e eu ia para lá com frequência. Era preciso rezar os ofícios, mas isso não era o que mais me interessava. Quando eu queria ficar tranquilo naquele canto, eu visitava as irmãs dominicanas em Chalais, num lugar muito bonito, onde eu gostava bastante de caminhar. Após os ofícios — que nunca me cativaram — eu ficava contente em poder sair da capela e respirar um bom ar. Eram espaços bonitos e simples de que gostava muito, muito... Os momentos que passei nesses lugares religiosos me deixavam sempre feliz.

Depois de um ano no noviciado em Lille, você retornou a Paris e entrou no [convento do] Saulchoir...

Entrei para o Saulchoir em Étiolles. Era um prédio imenso, que não estava nem acabado, construído para ser o *Studium* dos dominicanos, onde os jovens dominicanos faziam sete anos de estudos filosóficos e teológicos. Nós ficávamos todos juntos; havia mais de cem religiosos. O regime era completamente de observância monástica. Os ofícios se davam na capela, com a presença de todos; fora das horas de refeição, era silêncio total; a gente estudava. A regra era monástica — silêncio, estudos em silêncio, ofício na alvorada, à noite, de dia... Eu me lembro muito bem do ofício: nesse convento que estava em construção, tinham colocado bancadas de madeira escura, bem bonitas, dentro da capela. Cada um tinha sua bancada. Havia bancadas dos dois lados e a minha ficava encostada na parede e dava para umas janelas com vitrais inacabados, que se abriam um pouco na parte de cima. E víamos o céu. Eu me lembro muito bem que não olhava para os frades que ficavam na minha frente; eu olhava para cima, para o céu. Isso me inspirava. Eu ficava feliz. Fazíamos longos momentos de meditação e eu podia ficar lá, sentado, em pé ou de joelhos, olhando esse pedaço do céu. É o que sempre me moveu. Se havia mudanças de lugar, eu empurrava os outros com os cotovelos para garantir o lugar que me inspirava, senão acabava vendo só a parede!

O que você aprendeu no Saulchoir?

Nada [*risos*]... Muitas coisas... [*longo silêncio*]. Talvez a coisa que mais me marcou foi a conscientização política. Os estudantes do Saulchoir, sobretudo aqueles que ingressavam, eram estudantes muito marcados pelo início da guerra da Argélia e pelas guerras de descolonização. Muitos haviam feito seu serviço [militar] na Argélia ou no Marrocos. A conscientização política ali era muito forte. Havia um grupo de estudantes muito inteligentes, conscientizados, de esquerda, que davam o tom, mesmo que todos os estudantes não fossem como eles. Eles eram intransigentes e nós não ousávamos mostrar uma opinião divergente. Eram tipos brilhantes, muito bons intelectualmente, seguros de si. Entre eles, havia Paul Blanquart,[19] que era muito conscientizado politicamente à esquerda. Todo mundo entrava um pouco no modo de pensar deles. Além disso, a gente tinha alguém no meio dos formadores, o padre Liégé,[20] que era também muito politizado, naquele momento, à esquerda. Ele dava aulas de pregação — pois

---

19 Paul Blanquart (1934), sociólogo, cofundador e redator da revista *Politique Hebdo* (1970–1978).

20 Pierre-André Liégé (1921–1979), teólogo dominicano, professor no Instituto Católico de Paris, cofundador da revista *Parole et Mission* em 1958.

fazemos parte de uma ordem de pregadores. Liégé era o grande pregador da época. Tinha posições que irritavam muito as pessoas à direita. Escrevia no semanário *Têmoignage chrétien*[21] e em outros jornais. Era muito conhecido. Escrevia sobre todos os assuntos polêmicos, principalmente sobre a guerra da Argélia, em relação à qual ele tinha uma posição declarada, convicta e intransigente. Todos nós éramos muito politizados por causa dos acontecimentos da guerra da Argélia. A corrente era dominada por esse pequeno grupo consciente da questão política e que tinha posições muito firmes pela independência da Argélia — e eles tinham razão, aliás. Tudo isso era um assunto muito candente.

De minha parte, no Saulchoir, eu não era exatamente de direita, não podemos dizer isso, mas não era muito conscientizado sobre os problemas da tortura; eu "sabia", como todo mundo, mas não entrava nesses debates públicos mais intensos.

Eu fiz um pouco menos de estudos do que os outros no Saulchoir porque obtive várias dispensas, em particular para os cursos sobre a lógica de Aristóteles, que para mim era um assunto chato, que eu não conseguia aguentar. No final, não ia muito aos cursos dos grandes teólogos do momento — não eram nem um Chenu, nem um Congar! — e obtive a autorização para me ocupar das flores do jardim. Esse trabalho de jardineiro me fazia bem. Eu afirmava — brincando e falando sério — que, graças a mim, as dissertações dos frades haviam se tornado mais poéticas, leves, menos racionais. Eu sempre fui muito anti-intelectual diante de frades fechados em seu intelectualismo.

---

21 Semanário de informação geral, de inspiração cristã, fundado em Lyon em 1941 durante a ocupação alemã pelo movimento da Resistência Interior Francesa (RIF). Foi, até 2012, um dos últimos jornais oriundos da Resistência ainda em circulação. [N.T.]

Ter escolhido a Ordem dos Dominicanos, uma ordem reconhecida como intelectual, não parece uma contradição?

Sim. Eu não era um bom dominicano [*risos*]. Minha dimensão de vida intelectual sempre foi risível, comparada com a de outros dominicanos. Sempre li muito pouco. Eu sempre estou a par das coisas, mas mais através de conversas, leituras de pequenos artigos em revistas, comentários... Eu "pego" o essencial, acredito que muito bem, sem traí-lo. É uma limitação. Não me orgulho de modo algum disso. Sempre li pouco, mas sempre li jornal. *Le Monde* é um jornal que leio praticamente de A a Z, há muito tempo, desde o fim de meus estudos secundários. Lia bastante também *Libération*, *Le Figaro*, quando estava na casa de meus pais — pelo menos as manchetes —, *Témoignage chrétien* também, por muito tempo. Hoje a leitura de jornais me faz falta.

Fui ordenado em 1963,[22] tinha feito cinco anos de estudo. Eu questiono bastante o modo pelo qual os estudos eram feitos no Saulchoir. Não havia uma boa metodologia: tudo era regulamentado, regimentado, pautado nos diplomas. Alguém sair de lá sem diploma era impensável: foi meu caso. Não tenho nenhum diploma de lá. Sempre fui um caso à parte na Ordem. É a grandeza da Ordem: sou muito grato à Província da França por ter me apoiado nos momentos quando estava marginal em relação à instituição, na Haute-Savoie e, mais tarde, no Brasil. Isso sempre me deixou estupefato e criou minha admiração, minha gratidão e minha afeição profunda pelos dominicanos. Eu tomo cuidado para não generalizar, porque minha vida foi muito marginal em relação ao modo de vida "normal" dos dominicanos.

---

22 Henri foi ordenado sacerdote no dia 7 de julho de 1963, aos 33 anos de idade.

Você tinha ideia, ao entrar para os dominicanos, que poderia partir em missão, viajar?

Fiz muitas viagens durante minha juventude. Gostava muito das viagens de carro, com paradas. Tinha impressão de liberdade. O que me dava prazer não eram as cidades; eram os largos horizontes. Com dezessete ou dezoito anos, fiz um périplo de carro: propositadamente, eu não tinha nada. Queria ir até o Polo Norte. Embarquei em Anvers, não tinha dinheiro, e então fiz uma viagem de barco com paradas: peguei um pequeno cargueiro, em cabotagem, com uma dezena de marinheiros quase sempre bêbados, que passava pelos fiordes, onde fazíamos pequenas escalas, em lugares isolados, magníficos, onde entregávamos mercadoria. Minha função era trazer as refeições e lavar a louça. Às vezes sentia um enjoo terrível.

Tinha gosto pelas viagens. Gostava muito. Eu fui parar, também, na Escócia. Em Glasgow, me lembro de uma história engraçada: havia chegado tarde e o albergue para jovens estava fechado. Eu deitei sobre um banco na praça central com minha mochila. Fazia calor. De repente, fui acordado por dois policiais fardados que me disseram que era proibido ficar nos parques durante a noite. Não podendo ir para lugar nenhum, nem pagar hotel, estava disposto a tudo. Precisava que eles me colocassem na prisão; gentilmente, eles me puseram numa pequena cela, horrível, mas estava só. Passei a noite lá e, no outro dia de manhã, me vi no banheiro com bandidos tatuados até a orelha, alguns ainda ensanguentados porque tinham sido pegos à noite durante uma briga. Isso me deixou um pouco impressionado. Tomei café com todo mundo e depois eles me botaram para fora. Novamente na rua, eu continuei meu périplo. Falava inglês, não muito bem, mas falava.

Pouco a pouco, enquanto eu me aproximava da decisão de entrar para os dominicanos, eu me coloquei à disposição da Ordem. Eu entrei nessa disposição de espírito: "Eu entro, não sei o que é que eu vou fazer, eu me ponho à disposição deles e farei o que for necessário." Apesar de tudo, estava um pouco angustiado com a ideia de ficar no convento. Mas minha vontade pessoal desaparecia aos poucos na medida em que me entregava nas mãos da Ordem, a seu serviço. Acho que fui honesto.

Você se pôs a questão de se tornar padre secular em vez de religioso ou, ao contrário, religioso sem ser padre?

Minha geração valorizou muito o qualificativo de "frade", que tradicionalmente era dado aos "frades conversos", que não tinham a capacidade de estudar. Nos chamávamos comumente de "padre", mas, na minha geração, a partir de um pequeno grupo de militantes (Paul Blanquart, Jacquemont,[23] Jossua[24]), refletindo sobre as origens da Ordem, sobre São Domingos e a fundação primeira,[25] dizíamos que havíamos entrado para ser frades, não para ser padres. No entanto, todos aqueles que questionavam essa distinção fundamental foram ordenados padres. Eles mesmos não ousaram recusar a ordenação. Na geração posterior à minha, no entanto, conheci vários que permaneceram frades, que não foram ordenados padres, por uma decisão

---

23 Patrick Jacquemont (1932), teólogo, entrou para a Ordem dos Dominicanos em 1954.

24 Jean-Pierre Jossua (1930), teólogo, codiretor da revista *Concilium* entre 1970 e 1996, entrou para a Ordem em 1956.

25 Ordem religiosa fundada em 1215. A Ordem dos Pregadores se constitui como uma ordem mendicante e tem por missão o apostolado e a contemplação. Historicamente, seus conventos situam-se em grandes cidades.

realmente pessoal. Xavier Plassat,[26] por exemplo, com quem trabalhei muito no Brasil, escolheu não ser padre.

Você se sentiu mais frade do que padre?

Desde o começo, eu me senti mais frade. No momento da ordenação, havia toda uma tradição no Saulchoir, era uma grande festa, éramos muitos e estávamos felizes por sermos ordenados padres. Mas, desde que comecei o apostolado em Saint-Yves,[27] me senti desde logo muito mais à vontade no trabalho de frade do que no de padre, embora para os estudantes dessa época o padre fosse muito importante. A gente não celebrava a missa de maneira mecânica; cada capelão tinha um dia de celebração da missa e isso era muito importante para os estudantes, ou, em todo caso, para uma categoria de estudantes.

Na sua vida de religioso, que lugar ocupou a oração?

No Saulchoir, eu gostava bastante dos ofícios, independentemente — ou indissociavelmente, talvez — do meu gosto pelo céu azul através da janela. Eles nunca foram pesados para mim. Em Saint-Jacques, nós, capelães dos estudantes, participávamos às vezes dos ofícios. Sempre fiquei contente em poder participar dos ofícios aqui [convento de Saint-Jacques]. Mas muito depressa eu já estava comprometido com um tipo de apostolado no Saint-Yves no qual eu ficava completamente tomado pelos estudantes e pelas atividades e, assim, eu vinha muito pouco aqui. Eu participava mais aos domingos, quando não tinha nada a fazer, o que era raro.

---

26 Xavier Plassat (1950) pertence à geração seguinte.

27 Centro católico dos estudantes de Direito e Ciências Econômicas da Universidade Pantheon-Assas, em Paris.

Não sentia de modo algum a obrigação de recitar o breviário todos os dias. Na verdade, não o fazia nunca. Praticava a oração quando me encontrava num lugar propício, mas não sozinho no meu quarto. Cada vez que eu passava numa comunidade dominicana, um convento ou uma pequena comunidade, sempre tive prazer em me juntar ao ofício, mais ou menos reduzido, segundo a importância da comunidade. Quando ficava dois dias num local de retiro, para descansar, em Tamié ou algum outro, eu passava um tempo caminhando: a natureza, caminhar, olhar as árvores, isso me inspira. Mesmo religiosamente, de modo estranho. Mas eu também lia a Bíblia. Eu lia e leio, cotidianamente, o texto do dia, uma leitura do Novo e do Antigo Testamento.

A vida, tão-somente, sempre me inspirou; o metrô me fazia sempre meditar, refletir, orar — não orações jaculatórias, ou seja, faladas —, mas pensar o Evangelho, sempre. A realidade. Tudo isso continuou no Brasil. Ficava sozinho a maior parte do tempo, não rezava muito, nunca li muito, mas relia com vontade alguns belos textos durante toda uma semana. A vida era que me levava.

Você viveu muito pouco no convento Saint-Jacques, e no entanto você o considera como o seu convento. Por quê?

Meus primeiros contatos com os dominicanos foram no convento da Anunciação no Faubourg Saint-Honoré, perto do lugar onde moravam meus pais. Mas, quando comecei a pensar na vida religiosa e que me informei sobre as diferentes ordens religiosas, foi para cá que eu vim, ao velho convento de La Glacière.[28] Antes mesmo de partir para Cambridge, eles me disseram para ir ao en-

28 Assim é conhecido o Convento Saint-Jacques, pelo nome da rua de La Glacière. [N.T.]

contro do padre Congar. Depois, antes de entrar para o noviciado em Lille, em 1958, eu vim aqui também. Depois do Saulchoir, quando fui nomeado capelão no centro Saint-Yves, eu morava aqui em Saint-Jacques. Mas toda nossa vida, desde a manhã até tarde da noite, era na rua Gay-Lussac, com os estudantes. Eu vinha dormir aqui. Eu pertencia fisicamente [ao convento], mas via pouco os frades, talvez um pouco durante o café da manhã. Durante o dia, em geral, não fazíamos as refeições no convento. Mas esse era meu convento, mesmo que não tivesse muito contato com os frades, pois nossa vida era alhures. Na Haute-Savoie, estava emancipado do meu convento, não tinha mais ponto de apoio, instituição, estava muito longe, mas meu convento permaneceu um lugar para reabastecer as energias, para encontros fraternos. Era muito importante esse pertencimento aqui.

Meu convento não é apenas um pertencimento físico. Foi o meu convento, minha comunidade que sempre me apoiou. Em maio de 1968, o convento — meu convento — teve uma posição extraordinária para nós, capelães. Sempre nos defenderam. Havia sem dúvida uma diversidade de opiniões entre os frades, mas a posição oficial do convento sempre foi de nos apoiar. Suponho que houve debates internos, mas houve também, acho, uma espécie de coesão fraternal em torno de nós. Não era de modo algum uma unanimidade, é verdade, mas, de minha parte, eu percebi o apoio: nunca me senti atacado em nada. É por isso que eu digo “meu convento”: não somente porque eu morava aqui, mas porque ele [o convento] assumiu nossos problemas e nos apoiou. Muito depois, quando estava no Brasil, eu senti essa solidariedade através das petições que eu solicitava para assinarem, cartas de apoio que eu pedia para que enviassem ao Brasil. E, ademais, eu sei que houve inquietações aqui na França quando recebi ameaças bem concretas contra minha vida no Brasil, após condenações difíceis nos anos 2000. Houve solidariedade muito forte até o fim. Quando digo "meu convento" não é somente porque eu vivo aqui, mas porque minha comunidade fraternal sempre me acompanhou em minha história pessoal.

Quando você entrou para os dominicanos, você fez votos. Como você viveu esses votos ao longo do tempo?

Isso nunca foi uma preocupação para mim. Quais são os três votos? Obediência, pobreza e castidade.

A obediência... [*risos*]. É por isso que agradeço à Ordem. Porque ela sempre me apoiou no que eu fazia. Ora, o que eu fazia, era eu na maior parte das vezes que havia decidido. Depois os dominicanos aceitavam. Por exemplo, fui eu que decidi ir para a Haute-Savoie. Eu me comprometi com força ali, eu era feliz, foi a experiência mais rica de minha vida cristã, porque naquele contexto tinha a impressão de ser realmente eu, coerente com minhas opiniões mais profundas, fora de toda instituição. Eu diria, mesmo, em conflito com a instituição Igreja. Diante do fato consumado, os dominicanos assumiram meu lado, em particular porque havia um provincial que marcou muito esta época, Rettenbach.[29] Ele foi muito criticado porque, justamente, apoiava as pesquisas, mas sempre me respaldou. Ele vinha me ver. Eu sabia que existia um grupo de frades que nos tinha apoiado bastante em maio de 1968, quando fomos perseguidos e denunciados em Roma.[30]

---

29 Nicolas Rettenbach (1910–2004), mestre dos estudantes de 1940 a 1955, depois capelão do Centro Saint-Yves, eleito prior do convento Saint-Jacques em 1963 (voluntariamente, ele só cumpriu um mandato, até 1966), foi eleito provincial em 1967 e reeleito em 1971, ficando no cargo até 1975.

30 Henri não quis dar mais informações sobre esse episódio.

Os posicionamentos oficiais — o que não quer dizer os de todo mundo no convento — foram de apoio. Nunca os dominicanos me questionaram; jamais uma advertência, mesmo em relação aos problemas em Annecy, que não foram simples, com processo de difamação, no caso de Argonay, e um forte conflito com a diocese.[31] Os dominicanos sabiam desse conflito. Os bispos tinham certamente se queixado, mas nunca, nunca, isso chegou até mim. Ao contrário, senti um apoio total. E, quando estava no Brasil, tinha, no início, um apoio grande da Província Dominicana do Brasil. Ao fim de alguns anos, o provincial mudou e não houve o mesmo apoio. Mas aqui, mesmo que eles não soubessem muito o que eu fazia, os dominicanos me respaldaram, ao menos em linhas gerais; sempre senti e soube que eles divulgavam as petições que eu fazia circular, que eles se mobilizavam. Quando olho minha vida, acredito nunca ter estado em desobediência em relação à Ordem. Mas devo dizer que é porque a Ordem, minha província, sempre respaldou, num segundo momento, o que fazia independentemente dela.

A pobreza. Nunca foi um peso. Nunca me preocupei. O pouco dinheiro que eu tinha ou procurava ter nunca era para mim, mas para a causa, para as causas. A pobreza, eu não entendo de outra forma senão como uma pobreza ligada à opção pelos pobres. É verdade que o contato com os pobres, quando ele se aprofunda — quanto mais estamos em convivência, mais entramos nas condições da pobreza —, não é simples: estou sempre do lado de fora, nunca sou realmente um pobre. Pela minha opção, estava a serviço dos pobres, para combater a pobreza deles, com as armas que eu tinha. A pobreza pela pobreza, que tem um valor monástico, talvez, nunca me interessou. Não era de modo

31 Ver capítulo 3.

algum meu negócio. Tive que fazer alguns jejuns quando estive em grupos que o faziam — era difícil não o fazer —, mas isso nunca me marcou. E não era frequente. Isso não me atrai, não me motiva, é assim que é para mim.

A castidade. A castidade é não ter mulher, não ter família. Eu fiz parte de uma geração que sempre foi muito aberta. Pela tradição, era preciso tomar distância das mulheres e das moças. No meu estilo de vida, decorrente do tipo do meu trabalho, essa reserva não existe de modo algum. Se a motivação é a luta, o combate pela justiça e pelos pobres, é preciso trabalhar e lutar com aqueles que você encontra ao longo do caminho, que fazem realmente essa opção, sejam eles homens ou mulheres. É muito importante ter boas amigas. Eu tenho uma amiga muito boa no Brasil, Aninha, que é notável como militante. Trabalhamos muito juntos. Vivíamos na mesma casinha em Xinguara, onde ela ainda reside, mas, com ela, é a militância que nos une, não há dúvida. Eu gosto muito dela, ela gosta muito de mim, mas, sem a militância, não haveria muito sentido. É excelente ter boas amigas, boas relações com mulheres, ter mulheres nas suas equipes, mas é preciso, sempre, eu acredito, ter muito cuidado, quando se escolhe ser religioso, como eu. É preciso ser lúcido: quando os sentimentos ocupam muito uma pessoa, é claro que isso prejudica — dentro da opção que é a minha — a liberdade na luta por justiça. Eu percebo isso fortemente, muito forte. Não se trata de jeito nenhum de minimizar o valor dos sentimentos, da afetividade; ao contrário, mas é um equilíbrio extremamente difícil: cada um de nós está sempre sobre uma lâmina fina entre o lado positivo da afetividade e o risco de ser tomado por sentimentos que pedem exclusividade. É muito delicado. Algumas famílias, homens e mulheres que vivem juntos, fazem às vezes coisas fantásticas em nome de uma causa. Cada um deve ser transparente, ter lucidez consigo mesmo, sobre como funciona. No meu caso, eu sou solteiro, quero permanecer sendo, isso corresponde à minha filosofia, claro, à disciplina da minha Ordem, mas também muito mais profundamente... Eu milito, eu me doo, eu tento às vezes ir além e, por essa razão, é preciso estar atento para permanecer livre. Se eu me deixo ser tomado por sentimentos afetivos um pouco mais avançados, então eu perco essa liberdade. A castidade, vista como "somos esposos da Virgem Maria", ou tomada como uma renúncia que tem seu valor como tal, não tem sentido para mim. (Você me empurra para os meus recônditos, a me fazer refletir, mas não é besteira o que eu digo, acho eu!)

LE GÉNÉRAL DE GAULLE　　　　Paris, le 6 juillet 1963

Cher Monsieur,

Veuillez être assuré que ma pensée et celle de ma femme iront demain et lundi vers vous et vers Madame Burin des Roziers, lors des cérémonies dont vous avez bien voulu nous faire part.

Aux félicitations que nous vous adressons nous joignons les voeux bien sincères que nous formons pour l'apostolat du Révérend Père Henri Burin des Roziers.

Veuillez croire, cher Monsieur, à mes sentiments les plus distingués et les meilleurs.

C. de Gaulle

Monsieur François BURIN des ROZIERS
6, avenue de Messine
PARIS 8°

GENERAL DE GAULLE　　*Paris, 5 de julho de 1963*

Prezado Senhor, tenha certeza de que nossos pensamentos, meu e de minha esposa, estarão voltados amanhã e na segunda feira para o senhor e para a senhora Burin des Roziers, durante as cerimônias cuja realização nos foi informada. Aos comprimentos que lhes dirigimos, juntamos os votos bem sinceros que reunimos para o apostolado do reverendo padre Henri Burin des Roziers. Acredite, prezado senhor, nos meus melhores e mais distintos sentimentos.

Charles de Gaulle

Celebração do Lava-pés na Quinta-Feira Santa, Comunidade Nossa Senhora do Perpétuo Socorro, setor Itamarati, Xinguara, 2004.
Foto: João Laet

CAPÍTULO 2

Paris, primavera

Quando foi que você assumiu compromissos políticos como militante?

[*Longa pausa.*] Eu tinha percepções muito fortes a partir do que tinha visto na década de 1950 em relação à moradia popular. Eu tinha intuições, afinidades muito fortes com posições na Igreja, críticas à hierarquia, a exemplo dos padres operários. No Saulchoir, havia compromissos muito fortes, políticos, sobre questões políticas: a guerra da Argélia, as guerras de descolonização, a tortura. Eu estava informado, claro, e me opunha a toda essa violência, mas eu não era um militante. Havia uma dinâmica que criava um clima; eu estava nesse clima.

Acho que dei o primeiro passo no final do Saulchoir, quando fui nomeado para o Centro Saint-Yves, em 1965, pelo padre Rettenbach, que tinha me "adotado".

Muito se falava sobre Saint-Yves naquele período. Era por conta dos estudantes, mas também da equipe dominicana. Éramos três: Jean Raguénès,[32]

---

32 Jean Raguénès (1932–2013) entrou para a Ordem

Michel Gest[33] e eu. Rettenbach já era o provincial e sempre nos deu apoio, ajudando enormemente na reflexão. Jean Raguénès, a quem eu era muito ligado, me envolveu em posições e formas de engajamento que eu, espontaneamente, talvez não tivesse assumido dessa forma. Ele era muito radical em relação a várias questões, enquanto eu, por natureza, era mais cauteloso. Ele também era muito sensível. Seu coração, suas emoções e sua personalidade eram de profunda afinidade com os marginais — não apenas com os pobres, mas também com os delinquentes. No fundo, Jean Raguénès era um marginal, um anarquista. Nós nos dávamos muito bem. A gente realmente trabalhava junto. Nos momentos difíceis, tais como os confrontos com a polícia, estávamos sempre juntos. E não era simples. Nós trabalhamos com marginais, defendemos marginais até perante a justiça, mas com uma diferença: ele, de temperamento, era um marginal. Eu era mais prudente do que ele nas análises e nas tomadas de posição, mas estávamos inteiramente na ação, não tínhamos tempo a perder com discussões desse tipo.

Jean foi nomeado para o Centro Saint-Yves depois de mim. Animamos o centro juntos, em harmonia, mas, em nossas atividades, ele e eu, tínhamos responsabilidades diferentes. Tínhamos uma filosofia — muito boa, eu acho — sobre o que era para ser feito com os estudantes. Nós nunca fizemos deste lugar um centro religioso para dar aulas de religião. Nossa filosofia e nossa metodologia eram totalmente outras. Isso nos valeu ataques por parte da equipe de Lustiger, que era capelão dos estudan-

---

em 1961, e foi nomeado capelão no Centro Saint-Yves em setembro de 1967.

33 Michel Gest (1934) entrou para a Ordem em 1954, foi nomeado capelão no Centro Saint-Yves em 1968 e, depois do Maio de 1968, tornou-se enfermeiro.

tes de Letras e Ciências no Centro Richelieu, e cujo método era completamente diferente, com aulas de religião, sessões de religião, retiros religiosos... na reta e sã doutrina. A nossa filosofia era assim: estávamos com estudantes de Direito e Ciências Econômicas que teriam na sequência responsabilidades importantes na administração pública, na magistratura, na advocacia ou nas empresas. Em conexão com seus estudos, nós os levávamos a refletir para que enfrentassem perguntas reais: o que é o essencial na mensagem cristã?, que tipo de homem queremos formar? Todas as nossas atividades decorriam dessas questões fundamentais.[34] Essa era a nossa abordagem. Então, é claro, a educação religiosa não era realmente o nosso problema. Apresentar afirmações dogmáticas não era o nosso propósito. Nunca nos arrependemos, nunca.

Mantínhamos uma missa por semana, revezando entre nós, na capela do pequeno subsolo do Saint-Yves.[35] Era uma missa bem simples, que tentávamos tornar a mais aberta possível, estimulando a reflexão, mas sem atropelar em nada. Uma missa onde todos pudessem se sentir à vontade. Uma equipe de estudantes preparava as missas. Eram simples e relativamente livres em relação à liturgia oficial. Havia grande cuidado para que fossem vivas e que expressassem verdadeiramente as preocupações dos estudantes. Eles tinham muito interesse e gostavam muito dessas missas.

---

34 Ver Jean Raguénès, *De Mai 68 à Lip, un dominicain au cœur des luttes*. Paris: Karthala, 2008, pp. 52-3 e 92-4.

35 Cada capelão estava encarregado de estudantes do mesmo nível universitário, e os seguia por toda a duração de seus estudos. Um dia da semana era dedicado a cada um dos níveis, com uma missa seguida de uma refeição convivial. Os capelães eram em cinco em 1966–1967, quatro em 1967–1968 e três em 1968–1969, de acordo com os folhetos de apresentação do Centro Saint-Yves para os respectivos anos. (Arquivo Régis Waquet.)

Você falou bastante de Jean Raguénès. Mas, quanto a você, qual era a sua parte no Centro Saint-Yves?

Eu procurava entender como os estudantes viam as coisas. Alguns deles vinham em busca de temas mais espirituais ou religiosos, mas, no fim das contas, a gente discutia um pouco de tudo. Nossas discussões, muito livres, não tinham nada de formal ou dogmático. Eu não lhes dava as posições tradicionais da Igreja, pois, a bem da verdade, eles não as solicitavam. Mas a gente insistia muito sobre a contribuição do [Concílio] Vaticano II e da encíclica *Populorum Progressio*, que estavam em sintonia com as preocupações deles.[36]

De tempos em tempos, a gente organizava — talvez mais eu do que Jean — um fim de semana fora de Paris, junto a comunidades, muitas vezes dominicanas.[37] De forma que os estudantes pudessem assistir aos ofícios da comunidade e ter momentos de silêncio e recolhimento. Queríamos encontrar lugares propícios para reflexão, além de lhes dar a possibilidade de se encontrar com um pouco de afastamento em relação ao que viviam no Saint-Yves e na universidade.

Você viveu os acontecimentos do Maio de 1968 na linha de frente, na rua Gay-Lussac, no Quartier Latin, junto aos estudantes. Quais foram suas reações diante da violência desse período?

Houve violência imediatamente, na rua Gay-Lussac. Houve confrontos em frente a Saint-Yves, e Jean Raguénès abriu o centro

36 A encíclica *Populorum Progressio* [Do progresso dos povos] (1967) reconhece e difunde o conceito de desenvolvimento na Igreja católica. Louis-Joseph Lebret, dominicano, foi seu principal inspirador e redator.

37 Estes retiros eram realizados especialmente na casa das irmãs dominicanas de Méry-sur-Oise.

para acolher os feridos. Ele transformou o Centro Saint-Yves num hospital de primeiros socorros. Quanto a mim, eu estava naquele dia em outra parte de Paris. Quando voltei, o nosso subsolo já havia sido transformado em enfermaria.[38] Eu concordei plenamente.

Durante esses dias de violência na rua Gay-Lussac, um domingo, eu acho, nós vimos [*silêncio, hesitações*] uma van da polícia que embarcava um pequeno grupo de jovens. Então fomos para intervir e dissemos: "Embarquem a nós também, não tem sentido não fazer." Furiosos, eles nos embarcaram e nos levaram ao quartel de Beaujon. Era tudo muito tenso e eu me lembro que em Beaujon fomos recebidos por um homem bastante especial, que era o adjunto do Maurice Grimaud, o chefe da polícia. Ele foi bem legal, graças a ele se evitou muita violência. Comparecemos diante dele, ele foi muito correto, nos ouviu um pouco, ele disse que entendia a revolta da juventude, que seu filho estava participando. Jean Raguénès, que gostava de provocações, ficou completamente desconcertado![39]

Durante um mês, os policiais foram muito numerosos na rua Gay-Lussac. Ficavam aí praticamente dia e noite, especialmente no início, formando fileiras inteiras, com capacetes e escudos. Era impressionante. Ficaram por vários dias na rua Gay-Lussac, numerosos, em fileiras compactas. Eles estavam aí, armados, e os estudantes que passavam os insultavam, mas eles permaneciam impassíveis, alguns deles cerrando os dentes, sem nenhuma reação a essas provocações. Inclusive a mim, me ocorreu também

---

38 Esta é a noite entre 10 e 11 de maio de 1968, a "noite das barricadas". A rua Gay-Lussac estava coberta por barricadas erguidas pelos estudantes com materiais de construção e carros virados. Os confrontos com a polícia foram violentos. Ver Jean Raguénès, *De mai 68 a...*, pp. 54-7.

39 Jean Raguénès situa este episódio durante a "noite das barricadas". Ver *De mai 68 a...*, p. 58.

Henri, verão de 1968, sessão de Saint-Yves no Oisans, sobre 'O essencial da mensagem cristã'.
Foto: Régis Waquet

questioná-los. Nenhuma reação. Eles apenas obedeciam. Essa atitude evitou uma violência que poderia ter sido bem pior. Nos momentos mais tensos com a polícia, a gente se perguntava se ela iria atacar ou não. A gente escutava o rádio.

Lembro-me que uma noite — foi comentado no rádio — o cardeal Marty veio de carro à rua Gay-Lussac e à parte de cima do Boulevard Saint-Michel, onde havia uma enorme concentração da tropa de choque. Ele viu. Ele não parou na casa da gente, mas sua vinda ao Quartier Latin foi interpretada como um gesto positivo. Foi até uma surpresa, inclusive porque o Centro Richelieu, que tinha muito mais peso do que nós na Igreja, havia fechado as portas. O fato de que o arcebispo de Paris fizesse questão de ver [o que estava acontecendo] com seus próprios olhos era muito positivo. Na mesma noite, eu acho, ele tomou a palavra com aquela voz grave. Não me lembro o que ele disse, ele não tomou partido, é claro, mas sua visita foi vista como um gesto muito significativo.[40]

Em maio de 1968, o Centro Saint-Yves não só serviu como enfermaria. Ele também se tornou um lugar de debate, uma espécie de fórum permanente...

Nós tomamos o partido dos estudantes. Rapidamente, os estudantes estavam a ocupar as universidades, a palavra era livre. Um grupo de estudantes de Saint-Yves estava entre as equipes que

---

40 François Marty, de uma família de agricultores do Aveyron, foi empossado arcebispo de Paris em Notre-Dame no dia 2 de maio de 1968. Sua primeira intervenção sobre os acontecimentos em Paris, na rádio RTL, foi na "noite das barricadas", quando fez um breve "apelo à calma" aos dois lados, evitando tomar posição. Ver Grégory Barrau, *Le Mai des Catholiques*, Paris: Editions de l'Atelier, 1998.

tinham tomado o controle da Faculdade de Assas e Panthéon. Em Saint-Yves, a linha de conduta que adotamos foi deixar os estudantes assumirem o controle do centro. Nós, os capelães, havíamos nos tornado quase que assistentes: os estudantes controlavam o centro — e, a meu ver, estavam um pouco sobrecarregados. Nós sempre estávamos lá, tentando fazê-los refletir, com todo respeito pela sua liberdade. Na dinâmica daquele período, quando a palavra era de todos, nosso centro tornou-se um lugar onde todos os assuntos eram abordados, e aonde vinha todo o tipo de pessoas, ainda mais, talvez, por se contrapor ao Centro Richelieu, que tinha fechado, depois de Lustiger ter dito que o movimento estudantil era "o diabo".

Nosso centro tornou-se um lugar de debate, onde a gente deixava os estudantes como responsáveis, no verdadeiro sentido da palavra. Havia muita gente passando pelo centro. Jean Raguénès acompanhou mais do que eu esses debates.[41] Os estudantes podiam trazer quem quisessem. Eles colocavam tudo em questão. Lembro-me que, em um certo momento, eles quiseram questionar grandes figuras religiosas para ver o que, além das aparências, elas estavam vivendo em profundidade. Lembro-me que haviam escolhido duas delas, as quais ficarão gravadas na minha memória para sempre. O padre Carré,[42] uma grande figura dominicana, um pregador [da catedral] de Notre-Dame, membro da Academia Francesa, capelão dos artistas, e o padre Dubarle,[43] dominicano também, uma grande referência

---

41 Sobre este "anfiteatro permanente" de três semanas, intitulado "Cristãos e a revolução", ver Jean Raguénès, *De mai 68 a...*, pp. 61-2.

42 Ambroise-Marie Carré (1908–2004), dominicano, entrou para a Ordem em 1926. Capelão da União Católica do Teatro e da Música entre 1947 e 1959, pregador na catedral de Notre-Dame de Paris entre 1959 e 1966, eleito membro da Academia Francesa em 1975.

43 Dominique Dubarle (1907–1987), dominicano, entrou na Or-

na filosofia das ciências. Os estudantes haviam organizado duas reuniões, em separado, em um grande salão. Eles questionaram o padre Carré, mas isso acabou muito mal. O padre Carré foi embora, completamente demolido.[44] O padre Dubarle, muito humano, muito fraterno, muito objetivo, foi questionado do mesmo jeito, mas tudo correu com calma, com respeito, com admiração para com esta grande figura que, com admirável simplicidade, lhes respondia. Era um homem extraordinário, muito cordial. Os estudantes saíram entusiasmados. Outro dominicano, Paul Blanquart, muito forte no plano filosófico e teológico, um conhecido sociólogo, teve papel importante. Foi-lhe dada pelo Centro Saint-Yves, naquele momento, toda a liberdade de expressão. Ele tinha posições fortes e desestabilizadoras. Era um dos interlocutores, uma das pessoas de referência no nosso centro em maio de 1968. Os estudantes o tinham em grande apreço e, várias vezes, ele veio apresentar suas análises. Fomos considerados pelos meios tradicionais e conservadores como um centro marxista, por causa desta presença privilegiada de Paul Blanquart, quem realmente se dizia marxista. Georges Casalis[45] também se envolveu bastante em nossos debates. Ele era um pastor muito engajado, junto com sua esposa Dorothée. O centro também era considerado marxista pela imprensa, especialmente pelo *Le Monde*. Lembro-

---

dem em 1925. Foi decano da Faculdade de Filosofia do Instituto Católico de Paris entre 1967 e 1973.

44 Henri aqui se refere ao elogio pronunciado por René Girard, sucessor do padre Carré na Academia Francesa em 15 de dezembro de 2005.

45 Georges Casalis (1917–1987), pastor reformado e professor de teologia prática na Faculdade Protestante de Teologia de Paris entre 1961 e 1982, coeditor com a sua esposa, Dorothée Casalis, da revista *La Revue du Christianisme Social* entre 1965 e 1971, introdutor da Teologia da Libertação na França na década de 1970.

me que, entre nossos estudantes, havia uma menina cuja mãe era médica e tinha muitas relações. Ela nos fez encontrar com Beuve-Méry, diretor do *Le Monde*, que ela conhecia bem. Fomos encontrá-lo, eu, Raguénès e alguns estudantes. Não correu muito bem. Eram dois mundos sem comunicação. Beuve-Méry não nos levava a sério. Pelos seus artigos, o *Le Monde* realmente não entendeu o Centro Saint-Yves.

Qual era naquele momento seu sentimento para com De Gaulle?

[*Longa pausa.*] É claro que os estudantes eram contra o general Charles de Gaulle. A gente estava nessa dinâmica da contestação estudantil contra o poder, encarnado por De Gaulle. A gente estava com os estudantes: havia uma espécie de contestação geral ao poder. Ora, o poder era ele. Eu não era um fanático contra ele. Todos os estudantes e todo o desfile do dia 13 de maio estavam contra ele. Eu participei desta manifestação, mas é verdade que dentro de mim eu estava ponderando as coisas. Éramos todos de esquerda, todos contra o poder, todos a favor da mudança.

Havia uma necessidade de mudança de poder, mas, lá no fundo, eu sempre mantive, e não só por causa da minha família, um grande respeito por De Gaulle.

Você diria que tem admiração por De Gaulle?

Totalmente. Eu tenho por ele grande admiração não só por conta de 1940, mas também pelo depois, pelo homem político que foi em diversos momentos: a tomada do poder em 1958, no auge dos problemas explosivos da Argélia, os quais resolveu pacificamente; a Constituição de 1958; sua visão da grandeza da França...

Considero que foi um grande político. Quando ele voltou ao poder em 1958 e criou essa Constituição, a fim de dirigir a França com um poder forte, eu me lembro que, naquele momento, diziam "eis a ditadura" e o atacavam. Mas a Constituição ainda existe, todos os seus adversários e todos os presidentes da República nela se acomodaram perfeitamente, tanto os da direita quanto [François] Mitterrand. Foi feita, penso eu, com grande lucidez: era preciso que a França tivesse uma Constituição que definisse um poder forte, em reação à IV República, quando os governos caíam constantemente. Para isso, De Gaulle trabalhou muito com juristas — ele sabia muito bem se aconselhar com juristas. A história mostra que a coisa foi muito bem pensada, que essas acusações contra ele e a Constituição eram partidárias.

Quando ele foi chamado de volta e houve esses eventos explosivos na Argélia, eu acho que ele foi formidável. Seu "tenho entendido vocês" era politicamente muito forte.[46] Ele tinha suas ideias, era impossível que a guerra continuasse. Politicamente, acho extraordinário ter sido capaz de evitar um estouro com o exército que era a favor de uma Argélia francesa. Pessoalmente, acho — essa é a minha análise — que ele teve uma atitude excepcional por conseguir recuperar a situação. Ele mostrou que tinha uma visão que ia além e que não era um ditador.

De Gaulle foi um homem de direita, mas que, mesmo assim, tinha certa sensibilidade para com os valores da esquerda. Por exemplo, sobre a participação dos trabalhadores nos resultados das empresas, ele teve intuições interessantes.

---

46 "*Je vous ai compris*", em francês, frase famosa pela sua ambiguidade, dirigida aos franceses de Argel em 4 de junho de 1958, para acalmar os espíritos.

Você não tem a mesma admiração por Mitterrand?

Eu não tenho muita admiração pelo seu passado durante a ocupação [alemã]. Não se fala muito nisso, mas realmente não foi brilhante. E disso eu me lembro. Embora tenha sido um grande presidente da República, há uma continuidade que não existe em Mitterrand, enquanto ela existe em De Gaulle.

Isto é: os valores da Resistência? Em que medida esses valores são o alicerce de seus próprios engajamentos?

Os valores da Resistência são muito importantes na minha família. Meus tios faziam parte da França Livre[47] e eu tenho uma profunda admiração pela Resistência na França. Meu tio Étienne[48] foi lançado de paraquedas na França, com altos riscos. Sua esposa acabara de sair de Ravensbrück[49] quando se casou com ele. Meu

---

47 *France Libre*, em francês, é o movimento de resistência organizado do exterior e constituído a partir do apelo do general Charles De Gaulle, lançado a partir de Londres em 18 de junho de 1940 contra o governo do marechal Philippe Pétain, o qual acabava de compactuar com o regime nazista e de se retirar de Paris para Vichy, ao termo do avanço do exército alemão sobre o território francês. França Livre se tornaria depois França Combatente, ao incorporar os grupos de resistência atuando no interior do país e as Forças Francesas Livres, futuro Exército Francês de Libertação. [N.T.]

48 Étienne Burin des Roziers (1913–2012) entrou para a França Livre, em Londres, em abril de 1942, foi ajudante-geral do general de Gaulle em 1943, secretário-geral da Presidência da República, no Palácio do Eliseu, junto a Charles De Gaulle, de 1962 a 1967.

49 Ravensbrück foi o maior campo de concentração para mulheres, construído no norte da Alemanha em 1939 e constantemente ampliado até 1945. Nesse período, cerca de 132 mil mulheres e crianças, além de 20 mil homens e mil adolescentes foram matriculados como detentos em Ravensbrück. Seis mil deles pereceram na câmara de gás erguida ao lado do campo. [N.T.]

tio Claude[50] era da Marinha e cruzou o Mediterrâneo a bordo de um contratorpedeiro. A figura de Jean Moulin é extraordinária, as figuras da Resistência são extraordinárias, aqueles que entraram há pouco no Panthéon eram pessoas excepcionais.[51]

O que há de admirável nos valores da Resistência, em sua opinião?

Basicamente, a causa. Não admitir a ocupação, não admitir a humilhação, não admitir a derrota. Enxergam outra coisa. Lutam por dignidade. Na Resistência, a verdadeira, as pessoas tomam partido não apenas com palavras. As pessoas se comprometem, são deportadas, baleadas, torturadas. Infelizmente, como sempre, em 1945 uma multidão de pessoas, de repente, se proclamou resistente. A verdadeira resistência é a que levou à vitória e ajudou os Aliados a libertarem a França. Este valor, então, o combate pela liberdade de um país, me parece algo muito bonito. Envolver-se, não só em palavras, mas concretamente, ao jogar por completo o risco de sua vida. Acho extraordinário.

Você era jovem durante a ocupação...

Eu tinha entre dez e quinze anos nesse período. Então eu já tinha toda a minha consciência formada. E já que membros da minha família eram muito envolvidos, vivi intensamente esse período. Lembro que eu sentia meus pais muito envolvidos. Minha mãe foi uma fanática do general De Gaulle durante todo esse tempo, e meu pai também. Ele tinha ficado preso por um

---

50 Claude Burin des Roziers (1910–1973), vice-almirante de esquadra, passou para a França Livre em 1940.

51 Pierre Brossolette, Jean Zay, Germaine Tillion, Geneviève Anthonioz de Gaulle, sepultados no Panthéon em junho de 2015.

ano e meio. Meus pais não eram *pétainistas*,[52] de jeito algum. Eles apoiavam a Resistência, já que seus irmãos estavam do lado da França Livre ou na África do Norte. Ora, em seu meio social, como na grande maioria dos franceses, isso não era o caso. Muitos se acomodaram com a ocupação. Muitos franceses da burguesia estavam do lado da Colaboração. Fico com a impressão de que meus pais eram um pouco marginalizados em seu meio social.

Lembro-me que a gente escutava a BBC na pequena sala de estar do nosso apartamento, na surdina, não alto demais, pois podia ser perigoso. Para ouvir, meu pai, minha mãe e eu nos deitávamos no chão sobre o tapete. Às vezes a gente conseguia, às vezes não. Não era fácil captá-la. Todo cuidado era pouco para não fazer barulho.

Lembro-me — eu tinha doze ou treze anos, estava no colégio Sainte-Marie-de-Monceau, um colégio católico relativamente aberto: de vez em quando, eu me sentia um pouco "discriminado".

Eu ainda posso ver a sala, eu ficava bem no fundo e havia aquele canto em homenagem ao marechal Pétain e a fala de alguém, não lembro quem, talvez fosse o diretor, que me doeu muito. Eu estava ali no fundo e senti aquilo como uma provocação, embora não fosse especialmente contra mim. Doeu muito. Me vejo ainda, sentado no fundo, eu estava humilhado e irritado.

Criança — eu tinha dez anos em 1940 —, a derrota muito me impressionara. Em viagem, quando íamos para as férias, os soldados alemães entravam nos compartimentos [do trem] e queriam checar os documentos de todo mundo. Isso me marcou fortemente.

---

52 *Pétainistes* eram os apoiadores da linha defendida pelo marechal Pétain, de capitulação perante a invasão alemã. [N.T.]

Você vem de uma família geralmente conservadora e passou definitivamente para o lado da mudança em 1968... Como seus pais reagiram?

Minha mãe nascera [com sobrenome de] Gouvion Saint-Cyr, da família daquele marechal do Império [de Napoleão]. Ela tinha uma forte personalidade. Era muito elegante, amava o luxo, sem dúvida. Meu pai havia estudado na École Polytechnique e, mais tarde, tornou-se diretor de uma importante companhia de seguros. No início, eles não eram tão ricos assim. Depois, meu pai subiu mais degraus. No final, sua situação era confortável. Meu pai, eu acho, tinha certo senso de justiça, mas numa linha de direita. Eu não, pelo contrário. Acho que nunca assumi valores conservadores, nem o senso de interesses ou de privilégios. Acho que muito cedo tive o senso de justiça. Como? Eu não sei. A guerra e a Resistência me ratificaram essa ideia. Depois da guerra, eu participei das Conferências de São Vicente de Paula, que me influenciaram muito. Eu era extremamente sensível à injustiça. Para mim, os problemas se colocavam a partir das realidades de injustiça que eu descobria e que me faziam tomar partido. Nunca se colocaram por meio de questões de rótulos: "partidos de esquerda", "socialistas", "radicais"... Nunca.

Comigo, meus pais sempre agiram muito bem. Quando eu estava no Centro Saint-Yves, obviamente, houve posições que eram absolutamente fora da linha deles. Em maio de 1968, tomamos posições muito fortes, mas eles sempre me respeitaram, nunca me criticaram, nunca... Eles me defenderam em seu meio social. Diziam-lhes: "Henri, o que é isso, um esquerdista...". Eles sempre me defenderam contra os ataques de pessoas de seu círculo. Foram extraordinários. Sempre nos mantivemos em bons termos, muito carinhosos. Nunca me criticaram, embora às vezes não houvesse pleno acordo entre nós. Mas nunca mudaram de opções. Mais tarde, tanto na Haute-Savoie como no Brasil, eles nunca vieram me visitar. Sabiam que eu não queria, para eu ficar mais independente. Eu queria poder continuar na minha opção sem interferências familiares. Isso deve ter sido difícil para eles.

A experiência de 1968 mudou suas percepções religiosas?

[*Silêncio.*] Os eventos de maio de 1968 fizeram refletir, muito. E a mim também. Que o Maio de 1968 tenha mudado muita coisa, eu diria que sim. Antes de falar da sociedade como tal, eu penso nas pessoas com quem eu estava. Os frades, mas especialmente os estudantes. Os estudantes como os nossos, aqueles com quem trabalhávamos em Saint-Yves, na onda de maio de 1968, mudaram drasticamente. O movimento, toda essa agitação de ideias, de reflexão, de questionamento, de testemunhos em todos os sentidos, isso fez com que muitos deles mudassem sua maneira de pensar, talvez sua fé. Muitos estudantes aprofundaram sua reflexão e abandonaram a prática religiosa. Constato que aqueles a quem eu estava mais ligado não praticam mais.

Teriam renunciado também à fé?

Eu hesito em usar a palavra fé. Eu diria que eles não abandonaram os valores, eles vivem os valores evangélicos que se reencontram sob outros nomes, como a justiça, o respeito... Os mais fiéis ao que nós fizemos não vivenciam mais a prática religiosa, mas vivem esses valores. Maio de 1968 acentuou o processo de reflexão que já existia em nosso centro. Maio de 1968 ajudou a clarificar a distinção entre os valores evangélicos e a fé em

Deus. Um bom número de estudantes que eu conheci já não têm fé, eu acho, mas acreditam nos valores do Evangelho.

Por que você hesita em usar a palavra "fé"?

Porque esses estudantes vivem os valores evangélicos com o nome de justiça e se engajam, por vezes, muito longe, de maneiras muito diversas e muito bonitas: atenção às pessoas, aos pobres, aos marginalizados, respeito ao outro... Mas, na minha opinião, isso não é fé. São valores que a fé implica. Sou muito prudente com isso. Para mim, a fé, o que é? Fé com F maiúsculo, em Deus ou em Jesus Cristo, em alguém supremo — Deus, Jesus Cristo, o Senhor, chame-o como quiser —, é a Fé em uma Pessoa. Mas, para mim, é óbvio que muitos dos que conheci e que estiveram nessa jornada, nessa caminhada com a gente, não têm mais Fé. Ou, pelo menos, é extremamente confuso. Se você conversar com eles sobre isso, talvez não eliminem a possibilidade do mistério de algo, de alguém mais, do Mistério. Mas será que, para eles, é uma pessoa além de uma pessoa humana, uma pessoa extraordinária, Jesus Cristo, em quem se acredita?

Você está com os mesmos sentimentos religiosos que as pessoas que evoluíram?

Não. Eu, pessoalmente, eu acredito. Eu acredito que [*hesitações*] que Jesus é uma Pessoa com P maiúsculo.

Chame-a "divina", se você quiser. Não é um mero ser humano. É realmente uma Pessoa à qual eu tenho adesão pela fé. Ele ou Deus Pai — ao ler o Evangelho, a referência a seu pai é muito forte —, o Mistério... Quando falamos em fé, para mim está em jogo a Fé em uma Pessoa. Os valores evangélicos são muito

Henri, verão de 1968, sessão de Saint-Yves no Oisans, sobre 'O essencial da mensagem cristã'.
Foto: Régis Waquet

bonitos, mas isso não é Fé. A Fé é essa crença em uma Pessoa ou no Mistério do que chamamos Pai, Filho e Espírito Santo, mas é a mesma Pessoa, na verdade. Eu nunca entro tanto nestas considerações, eu não gosto; eu nunca fui um "escolástico", eu nunca fui fã de reflexões intelectuais sobre a fé, a mística... Essa é uma limitação, ou talvez não o seja...

Eu gosto muito da palavra "Mistério". Chamam-no "céu". A Igreja fala do "Reino de Deus", o que já é bem melhor, mas eu vejo isso assim: estamos caminhando em uma estrada, somos chamados a partir numa estrada, rumo ao Mistério. Não é qualquer estrada: é uma estrada na qual somos chamados a construir o que poderia ser denominado "caminhos de amor", não apenas caminhos de existência: destes, ninguém escapa. Somos chamados a transformar esses caminhos de existência em caminhos de amor que nos levam ao mistério do Amor com A maiúsculo. E o Amor é Deus. A melhor palavra de Deus é o Amor. Para mim, todos nós somos chamados ao Amor, mas a gente responde ou não responde.

A gente responde não em função de critérios rígidos da Igreja, mas em função de como e onde estamos, sempre direcionados para ir a este mistério de Deus que é o Amor.

Você falaria do Reino de Deus na terra?

Claro. O sentido da existência é caminhar rumo a um Mistério, o Reino de Deus. Nós andamos por este caminho, avançamos, somos chamados e avançamos, se assim o quisermos. Vivemos as coisas que são desse reino, mas não a sua plenitude — o Mistério — que é o ponto culminante de nossa existência na terra. A gente já vive autenticamente este Mistério de Amor que está em construção.

E além?

Não tem além. Estamos a caminho da plenitude que já está presente em nós. A palavra "Amor" é a melhor palavra para definir a plenitude: o Amor já está aí, é ele que nos envolve, que nos chama, que nos leva. Vivemo-lo, mas está em construção, já que temos toda a vida para caminhar em sua direção. Tudo isso é confuso e só pode sê-lo. É um Mistério. Eu gosto muito da palavra "Mistério".

A irmã Françoise Vandermeersch, que você conheceu, não acreditava na ressurreição. O que você acha disso?

[*Longo silêncio.*] Em certo sentido, eu também não. Quero dizer, eu não acredito que, quando eu morrer, serei enterrado e que um dia [*risos*] eu vou retornar à vida. Eu não quero entrar nessas coisas, mas não é assim que eu sinto as coisas, de jeito nenhum. Sinto que uma pessoa não se apaga, não desaparece assim na morte. Eu acho que a pessoa permanece, de alguma forma, ainda viva. A gente é encaminhado para alguma coisa e não sabemos exatamente o que é. Para mim é uma continuação [*silêncio*]. Mas essa ideia de que tudo se apaga e que, em seguida, nós ressuscitamos, é uma ideia estranha. Não é nada do que eu sinto, nada mesmo. Os seres humanos, as pessoas, subsistem à morte, continuam no momento de sua morte de outra maneira. Isso é tão confuso para os pobres indivíduos como eu que fica difícil de explicar! É impossível descrever o que forma uma pessoa ou o valor de uma pessoa; a riqueza ou a afeição de uma pessoa vai além do material. Uma pessoa é um ser que eu sinto, mas que eu não posso definir. Nas pessoas com quem eu estou, eu não penso na morte, eu não acho que a vida vai se apagar: é algo que continua.

A experiência do Maio de 1968 mudou os seus compromissos religiosos?

Maio de 1968 provocou debates em todo lugar, na Igreja e nos conventos... Foram colocados em questão os grandes conventos, por demais alheios à vida real e à nova cultura que surgia. Muitos jovens, aqueles que estavam na casa dos trinta, criticaram esses grandes conventos completamente fechados sobre si mesmos — era preciso sair dali, era preciso ir para o mundo —, e muitos passaram a formar pequenas equipes: nós dois, com Jean Raguénès, em Besançon, e eu, sozinho, em Annecy. Outros foram para Lyon... Ora, até onde sei, quase todos os que partiram assim acabaram se casando e formando família; às vezes fizeram coisas muito bonitas, mas não permaneceram na Ordem como dominicanos, enquanto nós, Jean Raguénès e eu, ficamos. A gente ficava feliz nessa situação que nos permitia realizar plenamente aquilo em que acreditávamos.

O que o aproximou de Jean Raguénès?

Já no Saulchoir, no tempo de nossos estudos, nos aproximamos, embora fôssemos totalmente diferentes. Ele era um estudante exemplar. Eu, no fundo da classe, eu ouvia sonhando, sem fazer qualquer anotação, enquanto ele, logo na minha frente, não parava de anotar. Eu acho que ele recebeu todos os diplomas filosóficos e teológicos, talvez até mesmo com uma menção, enquanto eu era um desastre [*risos*]. Ele, ele era alguém culto, até altamente culto do ponto de vista filosófico, que adorava ler e continuou lendo a vida toda. Por exemplo, no final da greve de Lip,[53] ele ficou por

---

53 O conflito social na fábrica de relógios Lip em Besançon passou por várias fases, estendendo-se de abril de 1973 até a primavera de 1978. Raguénès foi muito ativo na criação das cooperativas

mais dois anos em Besançon, sozinho, e praticamente se trancou em sua casinha e releu todos os filósofos. Ele era realmente muito forte e eu, um "zero à esquerda", eu nem conhecia os nomes dos autores de que ele estava me falando [*risos*].

Jean Raguénès era alguém totalmente extraordinário porque era um místico. Um verdadeiro místico. Antes de ser dominicano, ele tinha ficado por três anos nos Carmelitas, que realmente praticam a mística, com horas de meditação, igual aos monges budistas. Uma parte dele era marginal. Às vezes, ele seguia naquela direção e as pessoas se perguntavam o que ele tinha de cristão, mas eu, que o conheci muito mais profundamente, sei que, até o final de sua vida, ele sempre reencontrou esses momentos de autêntica mística. Lembro-me que, por vezes, eu entrava no quarto dele, em São Paulo — isso antes de ser acometido por um câncer — e o encontrava, sozinho, sentado num pequeno tamborete, meditando, contemplando.

Ele tinha uma humanidade extraordinária. Os superiores, o provincial, até o mestre-geral, que o tinham conhecido bem em diversos conventos, na França, percebiam sua riqueza e queriam que ele retornasse ao convento de Estrasburgo, onde havia permanecido por muito tempo e onde tinha deixado uma lembrança muito forte. Eles esperavam que os frades desse convento de formação pudessem desfrutar do seu testemunho evangélico.

Era também um *bon vivant* e nos dávamos muito bem.

---

operárias autogeridas. Ele se dedicou à sobrevivência de Lip até 1985. Levou durante dois anos uma vida eremítica em Besançon, entre 1985 e 1987, antes de se juntar à comunidade dominicana de Estrasburgo, onde foi responsável por um centro de documentação sobre o Terceiro Mundo e o desenvolvimento. Juntou-se a Henri no Brasil em 1994.

O caso dos katangais *havia contribuído também para a aproximação de vocês?*[54]

Sim, claro. A gente já tinha uma longa história em comum. Este caso aconteceu com muita naturalidade. Os estudantes que ocupavam a Faculdade de Direito de Assas nos trouxeram os *katangais*, uns pobres coitados envolvidos pelos estudantes para fazer a segurança. Os estudantes não queriam abandoná-los. Eles chegaram a Saint-Yves, mas não era um lugar seguro, porque a polícia estava na rua bem em frente ao centro. Havia urgência. A gente sabia que eles tinham matado[55] e eram procurados — era um período em que os estudantes eram perseguidos pela polícia. Quando a polícia resolveu "desocupar" as faculdades, eles logo se esconderam para não serem presos: na época, não haveria perdão, teriam recebido cassetete. Foi quando eu liguei para Françoise Vandermeersch.[56] Ela os aceitou e acolheu a todos por um breve período em sua comunidade religiosa. Em seguida levei três deles, e Jean embarcou os outros para Besançon. Ele sabia para onde ir porque conhecia um centro de reabilitação onde poderiam ser acolhidos, pelo menos num primeiro momento. Ele tinha muita afinidade com o

---

54 *Katangais* era o apelido dado a jovens marginalizados que haviam formado o serviço de segurança dos estudantes durante a ocupação das faculdades. No final de junho de 1968, alguns destes jovens, sem saber para onde ir, se reencontraram num bosque na Normandia com o intuito de continuar a preparação da revolução. Em um conflito interno, um deles foi executado e os outros, uma dúzia, retornaram a Paris. Os estudantes de Assas os levaram para o Centro Saint--Yves e os confiaram aos capelães. Veja o relato dos eventos por Jean Raguénès, *De mai 68 a...*, pp. 71-87.

55 Jean Raguénès situa mais tarde esta revelação.

56 Françoise Vandermeersch (1917–1997), religiosa auxiliadora, diretora da revista *Echanges*, vivia na matriz da congregação, rua du Cherche-Midi, no VI distrito. Sobre seu papel no "caso dos *katangais*", ver Sabine Rousseau, *Françoise Vandermeersch. L'émancipation d'une religieuse*. Paris: Karthala, 2012, p. 74 e segs.

diretor, Roger Gauthier, que era um grande amigo seu. Quanto a mim, eu não conhecia nenhum ponto de apoio. Eu lhe disse que só poderia levar três deles, porque eu tinha um carro bem pequeno, um Renault 4L que era da minha mãe, mas que eu estava usando. A minha ideia era encontrar um centro ou um convento de freiras em algum lugar da França. Eu os levei para tudo o que é canto no meu carro, foi incrível, porque todas as polícias estavam em alerta, havia barreiras em toda parte e eu os levei de Paris a Marselha, passando por Montpellier, por toda a França. Se a polícia fosse procurar, ou fosse pedir a identidade deles... Passei por não sei quantas barreiras, foi inacreditável. Eu estava com meu hábito branco. Normalmente, Jean e eu não andávamos assim, de branco. Muitos dominicanos costumavam andar de hábito na rua, mas esse não era nosso caso. Também nunca usávamos o *clergyman*.[57] Nem sei se usávamos uma cruz, acho que não. Na maioria das vezes a gente colocava um casaco preto sobre jeans, e uma camisa branca, com colarinho meio dobrado sobre um pulôver preto... algo assim nos distinguia pelo menos um pouco. Mas daquela vez eu estava de hábito: "O senhor pode passar, padre...". Eu tinha no meu carro três *katangais* que eles procuravam!

Eu estava exausto e, às vezes, parava o carro num pequeno pasto, debaixo de uma árvore. Eu saía, deitava no chão, dormia, e eles ficavam aguardando até acabar minha sesta. Mais tarde, quando eles foram julgados, no intuito de explicar como eles haviam sido absorvidos num mundo de fantasia, onde não eram mais eles mesmos, eu disse que eles não eram ladrões, gangsteres ou criminosos — apesar de terem matado um cara num acerto de

---

57 Jean Raguénès fala de um "quase" *clergyman* e uma pequena cruz na camisa. Ver Jean Raguénès, *De mai 68 a...*, p. 58. [*Clergyman* é um sinal distintivo usado por sacerdotes na forma de um pequeno colarinho branco, retangular — N.T.]

contas —, porque eu havia carregado três deles por mais de 1.500 quilômetros, na França, de dia e de noite. Eles poderiam ter levado o carro quando eu estava dormindo, poderiam ter me matado, poderiam ter me roubado, sabiam que eu estava com dinheiro para pagar o combustível... mas nada! Eu acordava e a gente seguia a viagem mais e mais. Nunca houve roubo.

Eu não tinha encontrado ninguém que concordasse em nos hospedar, mesmo por um brevíssimo tempo, em comunidades religiosas. Por isso a única solução era retornar a Besançon e me reencontrar com meu amigo Jean Raguénès. Mas, ao chegarmos perto de Besançon, os *katangais* me disseram: "Não, você já fez o suficiente por nós, agora deixe que a gente se vira". Eu insisti para eles seguirem comigo, mas não quiseram. Cheguei no Jean e fizemos todo o trabalho com aqueles que estavam com ele. A duras penas conseguimos conscientizá-los para que aceitassem se entregar. No final, era de noite, nós fomos ver o juiz, que aceitou que os levássemos na mesma noite. Nossa exigência era de que não houvesse nenhuma polícia. Ele havia prometido, mas, quando entramos em sua sala, os policiais cercaram o fórum de justiça. Os *katangais* foram levados para a cadeia, mas conseguimos uma autorização para ir festejar com eles, em suas celas, com um vinho famoso, um Pommard, que me custou uma fortuna, e um salame...

Ajudar esses **katangais*****, procurados por assassinato, isso não lhe criou um dilema moral? Você sabia que não poderia subtraí-los da polícia e da justiça para sempre...***

Naqueles momentos você não pensa nisso; você pensa no futuro imediato. Na verdade, o tempo sempre acalma as coisas. Era preciso escondê-los naquela hora. Quando eu circulei por toda a França, estava à procura de um lugar. Depois, a gente veria. Quando cheguei no Jean, em Besançon, "seus" *katangais* não se preocupavam com nada, mas todas as televisões estavam falando deles. Foi preciso fazê-los cair na real. Depois eles se deram conta. A gente sentia que o cerco estava se fechando inevitavelmente. Aos poucos, a gente explicou que de qualquer maneira não iriam escapar de serem presos. Eles não queriam se entregar, porque tinham medo de apanhar feio. Esse era o problema, o medo de apanhar. Nós assumimos o compromisso de só levá-los para a polícia se tivéssemos a garantia de que não iriam apanhar. Foi quando o juiz nos traiu. Foi difícil, mas a gente reconquistou a confiança deles com aquela minha garrafa de *grand-cru*: quando nos viram naquela cela com esses presos que todas as polícias tinham procurado, os guardas ficaram loucamente furiosos! Mas os *katangais* não foram espancados.

Que linha de defesa você sugeriu nos processos que se seguiram?

Houve dois processos, mas a imprensa não comentou muito, porque havia um menor de idade envolvido e porque as audiências foram a portas fechadas. Théolleyre[58] fez uma reportagem no *Le Monde*.

Assumimos uma linha de defesa coletiva.[59] Isso foi obra principalmente de Jean Raguénès, com grandes advogados de esquerda que haviam acompanhado o Maio de 1968 com grande interesse. Fomos nós que encontramos os advogados, com

---

58 Jean-Marc Théolleyre (1924–2001), jornalista que cobria atualidade judiciária para o diário *Le Monde*, cobriu também grandes processos da guerra na Argélia. Henri o encontrou na Haute-Savoie, quando ele era correspondente do jornal para a região francesa de Rhône-Alpes entre 1970 e 1975.

59 Sobre o processo de Evreux, ver Jean Raguénès, *De mai 68 a*... pp. 87-91, e Sabine Rousseau, *Françoise Vandermeersch*..., pp. 82-3.

exceção de um dos acusados, que pegou um advogado particular porque sua família tinha dinheiro. Eles escolheram uma defesa coletiva: era a primeira vez que isso era feito. Ninguém defendia seu cliente em particular, acusando aos demais, o que é geralmente a maneira de fazer. Tomamos outro partido. Para mostrar que haviam sido engolidos num tipo de encenação coletiva, trouxemos um grande psiquiatra que explicou todos esses fenômenos que haviam acontecido em maio de 1968.

Rua Gay-Lussac, Paris.
Manhã do dia 11 de maio de 1968.
Foto: Gilles Caron

CAPÍTULO 3

Annecy, Verdade e Justiça

Qual foi o processo que o levou à decisão de formar uma pequena equipe com Jean Raguénès e de se mudar para Besançon?

Era logo depois do Maio de 1968. Foi um movimento geral entre os jovens da Ordem. Depois do Maio de 1968, a gente continuou a coordenar o Centro Saint-Yves, mas rapidamente nos sentimos um pouco mal. Tomamos a decisão bem rápido, acho, em 1969. Era preciso mudar, nós não poderíamos ficar ali. Não era só conosco, era um clima, uma dinâmica. Precisávamos sair para outro lugar.

Não fomos embora com a ideia de nos tornarmos padres operários, não era essa nossa intenção, de jeito algum. Nós não estávamos saindo para evangelizar o mundo operário. Nós estávamos indo para ouvir o mundo que estava se construindo, para tentar captar aquela nova cultura. Procurávamos entender a nova era. Nós íamos tentar, da maneira mais anônima possível, sem barulho, nos imergir em meios pobres ou marginais. Foi assim que começamos.

Centre St Yves
15, rue Gay-Lussac
PARIS - 5ème
tel : ODE 52 07

Le 1er juin 1970

Chers Amis,

Nous venons vous annoncer notre départ de Saint Yves.

À partir de la rentrée universitaire prochaine, les frères Michel Gest et Pierre Bolet seront le noyau d'une nouvelle équipe de frères dominicains. Ils auront, avec les étudiants à inventer ce que St Yves doit être au moment où l'Université se transforme complètement, où les Facultés existantes vont disparaître et de nouvelles Universités commencer à fonctionner, ou le monde des jeunes, en particulier le milieu étudiant, est en plein changement. Travail difficile mais passionnant. Une nouvelle équipe aura l'avantage de pouvoir créer plus facilement du neuf.

Si nous quittons St Yves ce n'est pas par désintérêt de tout ce qu'il y a faire et à inventer en ce moment. Nous sommes au contraire plus que jamais convaincus qu'il y aura quelque chose de très important à faire en milieu d'étudiants ces années-ci. Simplement nous sentons tous les deux très fort le besoin de nous recréer intérieurement et de réaliser quelque chose qui nous tient à cœur depuis longtemps : partager au moins un certain temps les conditions de vie, d'habitat et de travail d'un milieu pauvre culturellement et matériellement.

Notre passage à St Yves, notre recherche de l'Évangile avec les étudiants, les questions que posent aujourd'hui les exigences de vérité de vie de beaucoup d'entre eux, nous font d'autant plus sentir la nécessité de réaliser cela pour nous personnellement.

Vient un moment où après avoir parlé de Jésus-Christ, après avoir cherché à éveiller à longueur d'année des jeunes à certaines choses fondamentales de l'Évangile, on éprouve le besoin de se taire, au moins quelque temps, et de mettre sa propre vie en accord avec cet appel de l'Évangile de Jésus-Christ, jusque dans les modalités les plus concrètes, de réaliser un peu plus l'unité de l'homme intérieur de l'homme extérieur.

Le frère Rettenbach, notre Provincial, a parfaitement compris cela. Ceux qui le connaissent n'en seront pas étonnés. Il nous accorde une année pour réaliser ce qui nous tient à cœur.

Nous savons que certains auront du mal à comprendre notre choix, face aux besoins immédiats de l'aumônerie étudiante, ou simplement au regard d'un minimum d'utilisation rationnelle de la formation et des compétences que nous avons acquises.

Cela n'est pas raisonnable, c'est vrai.

Mais l'Évangile n'est-il pas une folie au regard de la sagesse des hommes, comme le rappelait St Paul aux chrétiens de Corinthe :

« *Le Christ ne m'a pas envoyé baptiser mais annoncer l'Évangile, et sans recourir à la sagesse du langage, pour que ne soit pas réduite à néant la croix du Christ.*

« *… Car il est écrit : je détruirai la sagesse des sages, j'anéantirai l'intelligence des intelligents. Où est-il le sage ? Où est-il l'homme cultivé ? Où est-il le raisonneur d'ici-bas ? Dieu n'a-t-il pas frappé de folie la sagesse du monde ? Puisqu'en effet le monde par le moyen de la sagesse, n'a point reconnu Dieu dans la sagesse de Dieu, c'est par la folie du message qu'il a plu à Dieu de sauver les croyants…*

« *Car ce qui est folie de Dieu est plus sage que les hommes et ce qui est faiblesse de Dieu est plus fort que les hommes* »

I Cor. I, 17 ss.

La folie de Dieu, la folie du message, la passion du Christ et de l'Évangile !

L'important n'est-il pas que ce soit cela qui inspire notre vie quelle qu'elle soit, qui nous pousse chacun et ensemble à faire un peu plus de vérité dans notre vie, pour venir à la lumière de Dieu, au milieu de ce monde fou de sagesse humaine

Alors peu importe que nous restions à St Yves ou que nous en partions, que nous soyons ici ou là, quelque chose nous lie les uns aux autres, quelque chose s'enfante entre nous qui est de Dieu et qui ne passera pas.

Nous vous disons à tous notre reconnaissance et notre amitié

Fr Henri Burin des Roziers
Fr Jean Raguénès

Centre Saint-Yves
15 rue Gay-Lussac
Paris 5°
Tel: ODE 5207

Caros amigos,

Vimos anunciar a vocês nossa saída de Saint-Yves.

A partir do próximo ano universitário, os frades Michel Gest e Pierre Bolet formarão o núcleo de uma nova equipe de frades dominicanos. Junto com os estudantes, caber-lhes-á inventar o que Saint-Yves deve ser neste momento em que a Universidade está em completa transformação, desaparecendo as faculdades existentes e passando a funcionar novas universidades, momento em que os jovens, especialmente o meio estudantil, está em plena mudança. Trabalho árduo, mas apaixonante. Uma equipe nova terá vantagens e maior facilidade para criar o novo.

Se deixamos Saint-Yves, não é por causa de desinteresse para com tudo o que está por fazer e inventar neste momento. Pelo contrário, estamos convencidos mais do que nunca de que se haverá de fazer nestes anos coisas da maior importância no meio estudantil. Simplesmente, cada um de nós está sentindo a necessidade vital de se recriar interiormente e de realizar algo que desejamos há muito: partilhar, ao menos por algum tempo, as condições de vida, de moradia e de trabalho de meios cultural e materialmente pobres.

Nossa passagem por Saint-Yves, nossa busca do Evangelho com os estudantes, as questões colocadas hoje pelas exigências de verdade de vida de muitos dentre eles, nos levam com mais força ainda a querer realizar isso para nós mesmos, pessoalmente.

Depois de ter falado de Jesus Cristo, depois de ter procurado despertar jovens, ano após ano, para as coisas fundamentais do Evangelho, chega o momento em que a gente vive a necessidade de ficar calado, pelo menos por algum tempo, e de colocar nossa própria vida em acordo com este apelo do Evangelho de Jesus Cristo, até nas mais concretas modalidades, e realizarmos um pouco mais a unidade do homem interior e do homem exterior.

O Frei Rettenbach, nosso provincial, entendeu isso perfeitamente. Isso não será uma surpresa para aqueles que o conhecem. Ele nos outorga um ano para realizar o que nos é essencial.

Sabemos que alguns terão dificuldade para entender nossa escolha, considerando as necessidades imediatas da pastoral estudantil ou, simplesmente, tendo em vista uma utilização minimamente racional da formação e das competências adquiridas.

Não é razoável, isso é bem verdade.

Mas o Evangelho não é uma loucura perante a sabedoria dos homens?, como recordava São Paulo aos cristãos de Corinto: "17. Porque Cristo enviou-me, não para batizar, mas para pregar o evangelho; não em sabedoria de palavras, para que a cruz de Cristo não se torne vã. 18. Porque a palavra da cruz é loucura para os que perecem; mas para nós, que somos salvos, é poder de Deus. 19. Porque está escrito: Destruirei a sabedoria dos sábios, e aniquilarei a inteligência dos inteligentes. 20. Onde está o sábio? Onde está o escriba? Onde está o inquiridor deste século? Porventura não tornou Deus louca a sabedoria deste mundo? 21. Porque, como na sabedoria de Deus o mundo não conheceu a Deus pela sabedoria, aprouve a Deus salvar os crentes pela loucura da pregação. 22. Porque os judeus pedem sinal, e os gregos buscam sabedoria; 23. Mas nós pregamos a Cristo crucificado, que é escândalo para os judeus, e loucura para os gregos. 24. Porém para os que são chamados, tanto judeus como gregos, lhes pregamos a Cristo, poder de Deus, e sabedoria de Deus. 25. Por-

que a loucura de Deus é mais sábia do que os homens; e a fraqueza de Deus é mais forte do que os homens." (1 Coríntios 1, 17:22).

A loucura de Deus, a loucura da mensagem, a paixão pelo Cristo e pelo Evangelho!

O importante — não é mesmo? — é que isto inspire a nossa vida, seja qual for, e nos empurre, cada um e todos juntos, a fazer um pouco mais a verdade em nossa vida e a vê-la à luz de Deus, em meio a este mundo louco de "humana sabedoria".

Então, pouco importa que estejamos ficando em Saint-Yves ou saindo, que estejamos aqui ou ali, algo nos liga uns aos outros, algo vem à luz entre nós que procede de Deus e que não passará.

A todos expressamos nosso reconhecimento e nossa amizade.

Fr Henri Burin des Roziers
Fr Jean Raguénès

Paris, 1° de junho de 1970

Qual foi o papel de Nicolas Rettenbach no debate sobre o futuro da Ordem Dominicana depois de 1968?

Ele nos apoiou muito. Quando partimos em pequenas equipes, ele entendeu que, nesse momento, entre os jovens dominicanos, havia uma necessidade de se abrir, de buscar, de fazer experiências.[60]

Era um homem aberto, muito sensível. Todos os jovens o amavam e respeitavam, como uma grande figura que sempre per-

60 Sobre as equipes menores e o papel de Nicolas Rettenbach, ver a tese de Yann Motivo Cleuziou, *De la contemplation à la contestation, socio-histoire de la politisation des dominicains de la Province de France (1950–1980)*, Universidade de Paris 1, Panthéon-Sorbonne, 2008, p. 621 e segs.

cebia as personalidades, as entendia profundamente e era capaz de fazê-las crescer. Ele mantinha relações pessoais muito profundas com os estudantes; ele respeitava as pessoas e, sem ruído, sem conflito, ajudava-lhes a superar seus problemas pessoais, as dificuldades ou os obstáculos que as impediam de avançar. Era um homem maravilhoso, que valorizava cada um de acordo com o que era. Ele tinha uma pedagogia absolutamente extraordinária.

Era um homem que acreditava na juventude e em suas capacidades de transformação. Ele não era — de jeito nenhum — a favor de estruturas fixas que teriam que permanecer como estão. Ele apoiava os jovens na província, para fazer essas estruturas se mexerem, isso causou muitos conflitos com alguns mais velhos. Um tipo de governo assim, obviamente, mina as instituições. Muitos o acusaram de ter prejudicado a província. Com as reviravoltas de 1968, os jovens, pelo seu comportamento, relativizavam as regras conventuais, enquanto ele tinha a responsabilidade pelo bom funcionamento da instituição.

Houve gente que se colocou duramente contra ele, dizendo que ele não preservava as estruturas da Ordem Dominicana. Ele sofreu uma oposição muito forte. Ele sentiu muito, mas os jovens daquela época sempre o tiveram em grande estima.

Jean Raguénès e você chegaram a Besançon apenas com alguns pertences, em setembro de 1970.[61] *O que vocês descobriram em Besançon, o que vocês experimentaram de absolutamente novo para vocês?*

[*Longo silêncio.*] A dureza do trabalho dos operários daquela época. Começamos como pudemos: era muito fácil naquele

---

61 Ver Jean Raguénès, *De Mai 68 a...*, pp. 114-8.

tempo porque havia grande carência de mão de obra braçal. Empresas de trabalho temporário contratavam sem exigir qualquer documento. Iniciei numa pequena empresa de construção civil, eu dirigia um caminhão: tratava-se de transportar trabalhadores e materiais para asfaltar rodovias, carregar, descarregar. Eu vi como era difícil para os trabalhadores, como as condições de trabalho eram precárias. Depois eu passei quatro ou cinco meses na Rhodia.[62] Eu trabalhava com um argelino e alguns outros e a gente transportava caixas para serem armazenadas em entrepostos; eu sempre trabalhava por meio de uma agência de trabalho temporário, como interino, não como trabalhador da empresa, portanto, sem nenhum dos direitos ou vantagens de que estes trabalhadores gozavam.

Havia duas categorias: os da Rhodia, que tinham sua pequena lanchonete, e nós, nada. Fazíamos o mesmo trabalho. Eles tinham intervalos para lanchar; nós, nada. Eles tinham equipamentos de proteção; nós, nada. E ganhávamos quatro vezes menos do que eles. Muitos trabalhadores estavam como eu, temporários. Eu vi como era duro. Eu fiz turnos de 3×8 e comi o pão que o diabo amassou. Junto com Raguénès, a gente preparou um pequeno dossiê sobre as agências de trabalho temporário, ele sobre a Peugeot em Sochaux e eu sobre a Rhodia em Besançon.[63] Era um documento pioneiro que nosso confrade Blanquart publicou [no

---

62 Fundada em 1922 pelas Usines du Rhône, a empresa Rhodiaceta, especializada na fiação de nylon, se estende em quatro unidades de produção, entre elas a de Besançon, que tinha cerca de três mil funcionários naquele momento.

63 Brochura intitulada *Entreprises de travail temporaire ou négriers des temps modernes?* [Agências de trabalho temporário ou escravagistas dos tempos modernos?], mai. 1971, arquivo de Henri Burin des Roziers. Jean Raguénès e Henri concluem que o trabalho temporário é um perigo adicional para a exploração de toda a classe operária.

semanário] *Politique Hebdo*. A gente mostrava a injustiça das situações provocadas pelo trabalho temporário, ainda embrionário.

Na sequência, na Rhodia, eu trabalhei no serviço de limpeza. Era duro também. Quando os trabalhadores iam embora, precisava limpar tudo, os corredores, as oficinas... uma coisa sem graça. Eu pensei assim: "Fazer isso a vida toda...". Nenhuma esperança, numa vida dessas. Eu pensei que o mundo é um absurdo: os patrões tinham mais férias e facilidades que os operários, enquanto o trabalho dos operários era bem mais penoso. O certo teria sido o inverso: mais férias para os operários.

Você diria que descobriu a luta de classes?

Sim. Entendi que ela existia e que era normal que ela existisse, que era bom que ela existisse e que os trabalhadores deviam se organizar o quanto possível.

Lembro-me, quando eu trabalhava como temporário na Rhodia, de ter ido até o sindicato, que era bem organizado. Me dirigi à CFDT [sigla em francês para Confederação Francesa Democrática do Trabalho], porque era o sindicato mais forte e, depois, porque eu tinha mais afinidade com o pessoal da CFDT: eles pareciam mais abertos ao diálogo do que os da CGT [Confederação Geral do Trabalho]. Expliquei-lhes que eu não entendia por que os seus filiados, que tinham vantagens conquistadas na luta, não se importavam de jeito nenhum com os temporários, que, de qualquer maneira, eram também trabalhadores. Estes temporários faziam o mesmo trabalho, só que ainda mais duro, porque eles não tinham pausa para respirar. Eu não entendia como o sindicato não se interessava por eles. Tivemos uma boa discussão com o responsável pelo sindicato e ele me disse que esses trabalhadores não tinham os mesmos interesses que os demais: muitas vezes eram migrantes e sua preocupação era trabalhar o máximo possível para ganhar o máximo possível. Isso me fez pensar no assunto. Eram temporários, interinos, pessoas que mudam de empresa a toda hora. Para o sindicato, eles não apresentavam nenhum interesse.

Você ficou em Besançon apenas alguns meses, de setembro de 1970 a maio de 1971, e, depois, mudou-se para Annecy. O que o levou a mudar de novo?

No meu trabalho, eu me senti num impasse. Eu tinha sido contratado por agências de trabalho temporário, eu não tinha conseguido ser contratado diretamente, isso não havia sido possível; eles não contratavam mais na Rhodia. Então, eu não tinha nenhuma estabilidade no emprego. Quando eles me colocaram para tocar o serviço de limpeza, à noite, quando todos os setores estavam fechados — era horrível —, eu ficava sozinho, pois a gente se espalhava entre os vários serviços. Nos corredores havia óleo e, com panos de chão, precisava faxinar. Eu achava tão triste estar sozinho ali que eu disse a mim mesmo que não podia continuar assim. Não fazia sentido continuar. Eu acho que foi a partir daí que eu procurei sair desse trabalho e do tipo de serviço que a gente encontrava na Rhodia.

Jean Raguénès conhecia muito bem duas assistentes sociais que havia encontrado em grupos de prevenção para jovens e com quem havia mantido um bom contato, porque, juntos, eles tinham a mesma visão a respeito dos "delinquentes". Quando tínhamos um dia de folga, éramos convidados para comer na casa delas. Eu lhes disse que não aguentava mais. Ora, elas tinham conhecido, durante um estágio, o jovem diretor da Direção Departamental da Ação Sanitária e Social [DDASS] do departamento da Haute-Savoie. Diretor muito jovem, motivado por seu serviço, Gérard Peterschmitt era preocupado com os custos de internação dos migrantes: eram medicados no hospital — muitas vezes, na época, por tuberculose; eles recebiam alta e saíam saudáveis, mas, um ou dois anos mais tarde, voltavam na mesma situação. Peterschmitt estava convencido de que os funcionários da DDASS estavam presos pela rotina, todos mais ou menos diretamente dependentes dos interesses dos empregadores da região. Ele estava à procura de um cara disponível: ele o incumbiria do setor das famílias e dos solteiros estrangeiros, e lhe confiaria uma pesquisa sobre a situação dos migrantes na Haute-Savoie. Essas assistentes sociais de Besançon me colocaram em contato com ele e me levaram a Annecy; ele me recebeu em sua casa e o contato foi legal. Era um cara muito simples. Ele me ofereceu um emprego com um salário bem baixo, porque não tinha como pagar mais. Ele me daria liberdade total para que pudesse circular na região e identificar as causas dos problemas. A situação dos migrantes trabalhadores temporários tinha me preocupado e interessado na Rhodia. Fui contratado sem demora e me mudei para Haute-Savoie.

Qual era o seu trabalho diário na DDASS?

Eu tinha um escritório e recebia as pessoas. Podia entrar em contato com todos os fiscais da DDASS, ver como eles trabalhavam. Acho que meu chefe me deu um carro pequeno, tipo Renault 4L, e comecei a circular em todo o Vale do Arve, do lado de Scionzier e Marnaz, onde eu visitava os alojamentos dos trabalhadores estrangeiros.

Eu me apresentava nas empresas. Pedia para ver os alojamentos dos trabalhadores. Eles me mostravam geralmente uns pequenos alojamentos, mais ou menos decentes, mas eu percebia, pelo que os trabalhadores me diziam, que muitos deles dormiam no porão. Então, eu exigia visitar o porão. Descobri então habitações insalubres, além do imaginável: pessoas dormindo no subsolo, em meio ao óleo das máquinas.

Era ilegal e existiam leis rigorosas. Descobri habitações insalubres em oficinas de torneamento, com patrões muito duros. Eles estavam furiosos, mas [eram] obrigados a me receber, porque eu tinha o apoio do diretor da DDASS. Alguns fiscais, funcionários da DDASS, deixavam as coisas soltas, pois recebiam subornos ou costumavam jogar baralho ou beber um copo de vinho... e alguns acabavam se tornando amigos dos pequenos patrões. Cheguei feito um elefante numa loja de porcelana...

Fiz logo o meu relatório. Eu havia percebido que o problema fundamental era um problema de alojamento. As famílias de migrantes nunca passavam pelos circuitos dos programas de moradia popular; havia uma falta de HLM,[64] e sempre essas casas iam para os brancos. Mas o que chamava mais ainda a minha atenção era o problema dos solteiros, que eram em grande número, pois havia forte carência de mão de obra nas pequenas fábricas no Vale do Arve, e, naquele momento, trabalhavam a todo vapor. Obviamente, todos eles eram trabalhadores estrangeiros, especialmente, nesta região, operários vindos da Tunísia. Existia apenas um albergue da Sonacotra[65] — construído talvez até um pouco mais tarde. A França não dava conta de construir albergues da Sonacotra em quantidade suficiente. E os alojamentos insalubres continuavam de existir.

---

64 Sigla em francês para Habitações com Aluguel Moderado. [N.T.]

65 Sociedade Nacional para a Construção de Alojamentos para os Trabalhadores, entidade pública responsável pela construção e gestão de residências e alojamentos sociais para trabalhadores migrantes criada em 1956. Atualmente chamada de Adoma, empresa de economia mista. [N.T.]

Peterschmitt ficou muito interessado em meu relatório. Ele era muito motivado: era preciso proibir esse tipo de alojamentos porque os patrões sempre prometiam melhorá-los, mas não faziam nada.

Ele me pediu para preparar portarias para que assinasse. Eu aprendi a redigir uma portaria de insalubridade e a gente fez muitas portarias por toda essa região: Scionzier, Cluses, Marnaz. Ele me deu total liberdade para redigir essas ordens, com a mesma autoridade de um fiscal. Eu escrevia tudo sozinho, para não precisar passar pelos outros fiscais, e ele assinava.

Foi uma revolução! A região da Haute-Savoie era extremamente conservadora, com empregadores duros. Os patrões se mobilizaram. Disseram que as portarias de insalubridade eram ilegais. Peterschmitt me ligou e me pediu para justificar a legalidade das portarias, para fundamentar legalmente o que eu tinha escrito. Então eu peguei o primeiro trem noturno para Paris e cheguei de manhã no [escritório de] Régis Waquet, um advogado jovem e competente.[66] Era um sábado de manhã e eu tinha de voltar na segunda-feira com um relatório todo fundamentado. Começamos a trabalhar durante todo o sábado, a maior parte da noite, e ainda no domingo. E, à noite, tomei o trem noturno de volta para Annecy. Régis tinha encontrado todos os argumentos, mas não tinha tido tempo suficiente para formatá-los: eu tinha um rascunho muito claro. Mostrei os argumentos a Peterschmitt. Régis enviou por correio seu relatório devidamente formatado, um relatório muito bem formulado. O diretor ficou encantado, ele me disse que era maravilhoso. Eu estava feliz como nunca. Ele mostrou o

---

66 Régis Waquet (1947), advogado na Seção da Ordem de Nanterre, tinha conhecido Henri no Centro Saint-Yves. Doutorando, havia sido presidente do centro entre 1968 e 1969.

relatório a Lavy,[67] presidente do Conselho Geral [da região], que foi forçado a admitir que as portarias eram perfeitamente legais. Ele ficou calado por algum tempo e eu continuei meu trabalho.

Mas, depois de um certo tempo, a pressão sobre o meu chefe se intensificou. Furiosos, os patrões das fábricas de torneamento voltaram a "bater", dizendo que, legais ou não, as portarias de insalubridade os impediam de trabalhar. Disseram que não teriam outra opção a não ser fechar as portas e demitir. Lavy, em seguida, voltou e pediu a Peterschmitt para liquidar esse cara: eu! Meu chefe me fez entrar em seu escritório e me disse que ele não podia mais se "segurar" politicamente: ou a gente parava ou ele caía. Quanto a mim, ou eu ficava e continuava meu trabalho, mas sem qualquer apoio, ou eu ia embora. Eu não queria deixar, eu tinha outras causas em que estava envolvido — e às quais eu não poderia, em sã consciência, me furtar. Então, continuamos, porém de um jeito bem diferente. Ele foi se alinhando, se posso assim dizer, foi "recuperado" pelas autoridades e nosso relacionamento pessoal mudou completamente. Praticamente a gente não se via mais. Mas eu continuava tendo um bonito escritoriozinho e meu pequeno Renault 4L azul, que me permitia viajar na Haute-Savoie e seguir acompanhando as outras causas.

Ao chegar em Annecy, em quais redes você entrou?

Quando me mudei para Annecy, encontrei dois padres um tanto marginais, dois amigos inseparáveis, que me hospedaram por al-

---

67 Arthur Lavy (1905–1986), senador e prefeito de Argonay, presidente do Conselho Geral de Haute-Savoie de 1958 a 1979. Antes das leis de descentralização de 1982, é mais provável que o diretor da DDASS, um serviço do Estado, prestasse contas ao prefeito [diretor-geral da administração departamental] da Haute-Savoie.

gum tempo. Na DDASS, havia duas assistentes sociais de uma outra época que, com frequência, me convidavam para almoçar. Como eu não tinha endereço fixo, eu dava o endereço delas, era um endereço temporário, como que uma caixa postal.

Trabalhei muito em Marnaz e Scionzier com Hélène Baldas, no Vale do Arve, onde havia várias ASTIF,[68] mas, em Annecy, eu conheci redes de militantes, a partir de questões pontuais que diziam respeito aos ciganos.[69] Eu me envolvi nessas lutas locais. Nossa primeira luta foi em defesa de ciganos que eram expulsos de terrenos baldios. Eu tinha sido informado por meio da DDASS e por jovens cristãos, militantes do [movimento] Vie Nouvelle,[70] que tinham se mobilizado para defendê-los. As pessoas já se reuniam e entrei nessas redes.

Em Cran-Gevrier [município vizinho a Annecy] havia a Forges de Cran e outra grande fábrica, a SNR [Sociedade Nacional de Rolamentos], que fabricava rolamentos para a Renault. Ali, eu conhecia dois operários cristãos. Um deles, André Bunoz, era um cara de imensa bondade religiosa, muito cristão. Eu frequentava a casa dele, mas a gente tomava só água, só água, só água, porque ele pertencia ao Vie Libre, um movimento antialcoolismo! Sua mulher, Jeannette, era uma pessoa maravilhosa. Um amigo dele, também operário, Paul Viret, defendia os trabalhadores na Justiça do Trabalho: tinha se formado sozinho e se tornado um excelente

---

68 Associações de Solidariedade com os Trabalhadores Imigrantes da região do Faucigny, ligadas à Federação das Associações de Solidariedade com Trabalhadores Imigrantes (FASTI), criadas em 1966 e 1967.

69 Em francês se usa uma expressão mais genérica: *les gens du voyage*, gente de viagem. [N.T.]

70 Vie Nouvelle [Vida nova] é um movimento cristão inspirado pela filosofia do personalismo de Emmanuel Mounier (1905–1950), filósofo francês que fundou a revista *Esprit*. Suas obras influenciaram a ideologia da democracia cristã.

defensor, muito competente. Logo me liguei com eles. Nós conduzimos vários casos juntos em Annecy: Bunoz, Viret e Jacques Coly, que trabalhava também na SNR e participava da Vie Nouvelle.

Ele era um jovem vereador em Annecy, onde o prefeito era o senador Bosson.[71] Havia outros neste grupo: Dr. Blanchet, Dr. Bermond, este protestante e muito engajado na defesa dos migrantes. A partir de fatos escandalosos, um grupo havia se constituído: o Comitê Verdade-Justiça (CVJ), com uma maioria de cristãos que sentiam algum mal-estar com a instituição Igreja; cristãos marginalizados, mas animados pela chama do Evangelho da justiça, da compaixão, e que não podiam deixar passar as coisas escandalosas que viam ao seu redor nesta pequena cidade do interior, onde tudo é conhecido. Você podia facilmente localizar o bispo, o promotor ou o juiz em pessoa. A gente levava a público os nomes daqueles que cometiam atos escandalosos e viviam em meio à comunidade. As acusações nominativas, visando pessoas concretas, incomodavam muito mais e, portanto, eram muito mais perigosas. Estes militantes cristãos vinham de todo tipo de organização: *Témoignage Chrétien*, Vie Nouvelle, Paróquia Universitária, Pastoral Operária. Ou eram pessoas como eu, que não se sentiam à vontade na instituição. Havia outros elementos, minoritários, que eram maoístas convictos. Eram pessoas muito interessantes, mas, obviamente, com motivações vindas de outros horizontes — a militância pela militância —, animadas pela fé no maoísmo. Imediatamente depois de 1968, haviam se formado no interior do país grupos que se chamaram Comitê Verdade-Justiça. Nós não havíamos inventado esse nome: já existia em outros

---

71 Charles Bosson (1908–2001), advogado, senador e prefeito de Annecy entre 1954 e 1975, vice-presidente do Conselho Geral de Haute-Savoie entre 1965 e 1979.

lugares.[72] Na origem do comitê de Annecy havia sem dúvida uns maoístas convictos; eles foram os pilares do CVJ, no princípio.

A gente se mobilizou em torno de casos como o dos *clochards*,[73] o da clínica de Argonay e, mais tarde, contra o Wessafic.

Em Haute-Savoie, você denunciou esses casos que mencionou. Qual era a natureza do seu envolvimento nesses casos?

Para mim, essas são lutas, lutas por justiça. Por exemplo, a luta para defender o povo da rua.

Essas foram denúncias públicas, feitas na imprensa nacional — *Le Nouvel Observateur*, *Charlie Hebdo*, *Le Monde*, por vezes —, na mídia e, em alguns casos, como no caso do povo de rua, houve manifestações, inclusive junto ou contra os responsáveis por esses fatos. Por exemplo, para os moradores de rua, houve uma manifestação no interior da delegacia de polícia de Annecy.[74] Em Argonay, a luta e a denúncia foram por meio de

---

72 Na primavera de 1972, no caso de Bruay-en-Artois, o Comitê Verdade-Justiça tinha sido criado por maoístas para apoiar o juiz Pascal, um magistrado afastado de um processo criminal por ter apontado para a participação de uma figura da elite francesa no assassinato de uma menina.

73 *Clochard* é uma expressão francesa para se referir à população em situação de rua. [N.T.]

74 Na primavera de 1973, ativistas do CVJ ficaram sabendo que *clochards* do centro da cidade de Annecy eram levados periodicamente em camburões da polícia e abandonados no alto da montanha do Semnoz. Um deles morreu durante o inverno. Uns vinte militantes do CVJ invadiram a delegacia no dia 22 de maio de 1973 para exigir explicações. Eles foram expulsos à força. Custodiado, Henri saiu uma hora depois dos outros, com a cara inchada, a roupa desarrumada. Ele acabava de ser espancado e tratado como "malvado e padreco que largou batina". Nos dias seguintes, ele apresentou queixa por "agressão e insultos recebidos da polícia". Ele também orientou os *clochards* vítimas de "deportação" a representarem contra a polícia.

abaixo-assinados, através da imprensa e de dossiês que a gente encaminhava aos interessados ou tornava públicos.

Qual era o papel da justiça nessas lutas? Como você chegou a imaginar a utilização da justiça como arma militante?

Por conta dos meus estudos de Direito e da minha formação jurídica, acho que sempre estive, naturalmente, com o reflexo de ver o aspecto jurídico das causas em que estive envolvido, o seu aspecto legal ou ilegal. Minha tendência sempre foi a de levar as lutas com esta dimensão, usar os processos como uma arma jurídica para fazer valer o Direito e, ao mesmo tempo, usar o processo como uma arma política nas denúncias que fazíamos junto à opinião pública. A dimensão jurídica, quando claramente colocada desde o ponto de partida, traz um impacto muito maior e dá mais credibilidade na opinião pública e na mídia. Quando você protesta ou defende algo porque é legal ou porque é ilegal, me parece que isso dá maior credibilidade também junto às pessoas com quem você luta. Nos grupos com os quais tenho lutado, o fato de ser colocado diante de uma grave injustiça logo mobilizava algumas pessoas: temos de fazer algo imediatamente, temos de denunciar o escândalo dessa injustiça — por exemplo, no caso dos moradores de rua. Mas outros membros do Comitê Verdade-Justiça, mais cautelosos, não entravam tão facilmente, e era necessário esclarecer um pouco mais qual direito era violado, qual direito estava do nosso lado e como iríamos conduzir o processo. Era preciso mostrar que o que íamos fazer repousava em base jurídica com fundamento no Direito Penal francês. No caso do processo por difamação em Argonay,[75] alguns militantes ficaram um pouco

75 Em fevereiro de 1974, o CVJ publica um novo dossiê de nove

em estado de pânico. Tivemos de trazer provas. Havíamos corrido muitos riscos. Não conseguimos provar tudo o que havíamos denunciado. Havia uma certa preocupação entre alguns.

Que linha de defesa você trabalhou com eles?

Uma linha de defesa coletiva. Pela lei, todo acusado tem direito a um advogado. Normalmente, cada advogado defende seu cliente no intuito de fazer reconhecer sua inocência, sem se preocupar com os demais, a não ser para tentar jogar a culpa neles. As defesas coletivas são muito raras. A mais significativa que a gente conseguira havia sido a dos *katangais*: tínhamos encontrado um advogado para cada uma das pessoas que concordaram em fazer uma defesa coletiva. No caso de Argonay, quinze militantes eram acusados pelo mesmo delito, o de difamação. Nós pegamos um advogado, o Dr. Doré — que tinha uma boa fama —, um homem aberto e honesto.

Sua vitória neste processo por difamação mudou seu olhar sobre a Justiça?

O processo por difamação, no caso de Argonay, que acabou coroando uma denúncia que tínhamos feito, e mostrou a essência da nossa luta para que a verdade aparecesse: a imprensa local manti-

---

páginas denunciando "o escândalo da Clínica de Argonay", aberta em abril de 1972 na periferia de Annecy. As denúncias se referiam ao modo de financiamento e à construção do estabelecimento, e ao mau funcionamento infligido aos pacientes. Os proprietários da clínica processaram os signatários do dossiê, entre eles Henri, por difamação. A imprensa — *Le Monde, La Croix, Le Canard Enchaîné, Libération* — divulgou o caso e o processo foi julgado em novembro de 1974. Os acusados foram absolvidos, porque foram considerados de "boa-fé" e qualificados como "bons caluniadores" na sentença do Tribunal Penal de Annecy, datada em 14 de dezembro de 1974.

nha o silêncio sobre fatos graves que tínhamos conseguido tornar públicos a partir de jornais nacionais. A sentença proferida nos homenageou ao dizer que "a verdade não pode ser colocada debaixo da mesa" e ao nos reconhecer como "bons caluniadores". Esta fórmula praticamente nunca havia sido usada. Assim, era dito que a mídia local não estava assumindo o seu papel. Denunciar crimes, fatos graves silenciados pelas autoridades e pela imprensa locais, é um dever de verdade, o dever de encontrar maneiras de quebrar esse silêncio. Esse julgamento reconhecia que, acima de tudo, o estourar da verdade era o essencial.

Esse julgamento, absolutamente extraordinário, honra o Judiciário. A Justiça oficial reconheceu "os bons caluniadores". É um incentivo à opinião pública, aos cidadãos, para cumprirem o seu dever: os cidadãos têm o direito de conhecer a verdade. Por outro lado, eles têm o dever de cobrar que fatos graves sejam conhecidos. É um direito saber e um dever fazer saber. Isso abre perspectivas muito interessantes sobre o que é "ser cidadão". Ser cidadão é algo ativo, isso significa combater, implica lutar nesse sentido. Acho isso muito bonito.

Que relações você tinha com os advogados quando, sem dúvida, tinha até mais conhecimento do que eles sobre os fundamentos jurídicos destes casos?

Eu nunca tive registro na Ordem dos Advogados na França, mas eu fazia dossiês, redigia reclamações.

Eu trabalhei com um advogado de Lyon, Paul Bouchet.[76] Ele fazia parte de uma rede de advogados que tínhamos co-

---

76 Paul Bouchet (1924), advogado em Lyon, membro do Sindicato dos Advogados da França (SAF), fundado em 1972 em torno da reivindicação de uma Justiça mais democrática.

nhecido na época dos *katangais*. Ele sabia um pouco quem éramos. Eu tinha lido nos jornais que ele tinha acompanhado os problemas dos Paysans Travailleurs[77] contra os contratos de integração. Advogados dessa linha haviam seguido esse movimento de luta. Na Haute-Savoie havia o caso Métral, ao qual eu me dediquei bastante.[78] Eu o conhecia melhor do que ninguém. Era um caso difícil em muitos aspectos, tanto no civil quanto no penal, com problemas de endividamento, de falência. Eu mantinha contato com Paul Bouchet. Quando fui para o Brasil, o caso estava em andamento, com vários processos. Fiz um relatório completo sobre o conjunto do caso Métral. Eu tinha realmente uma boa clareza sobre este problema tão complicado de entender. Deixei meu relatório a um pequeno grupo e, com ele, Paul Bouchet assumiu o caso.

---

77 Camponeses Trabalhadores, nome de uma corrente organizada de agricultores jovens com linha mais radical que adquiriu consistência no 12° Congresso do Centro Nacional dos Jovens Agricultores, em 1970, quando reuniu 43% dos votos pregando uma agricultura autogerida e socialista. Denunciou a submissão total dos agricultores às grandes firmas da indústria agroalimentar por meio da imposição de contratos de integração de sua produção. [N.T.]

78 Em 1970, a família Métral, atuando na engorda de bezerros, tinha assinado um contrato de integração com a Wessafic, fornecedora de alimentos para animais. Em 1972 e 1973, os bezerros não cresceram normalmente e se tornaram invendáveis. Os Métral alegaram que o leite e o tratamento à base de Lindal, fornecidos pela empresa, eram responsáveis pelo mau crescimento. Eles acionaram a Wessafic na justiça, e a empresa os denunciou pelo não pagamento dos produtos. No outono de 1977, um grupo de apoio ligado ao movimento dos Paysans Travailleurs se articulou para evitar a falência e o confisco das terras. Este grupo entrou em contato com Henri, que passou a trabalhar nos vários processos em andamento. Em 12 de dezembro de 1978, três dias antes de sua partida para o Brasil, Henri terminou um relatório com o título *Um exemplo de conluio entre Poder Judiciário e poder econômico*. Do Brasil, ele continuou a monitorar os processos, que correram até 1981.

Que tipo de relação você tentava estabelecer com as vítimas, os moradores de rua, os migrantes e os pequenos agricultores?

Eu era "provocado" pelas próprias vítimas que conheci, quando eu estava na DDASS ou em outro lugar: moradores de rua, a exemplo de Loulou,[79] ciganos e o pessoal da Métral, que eu conhecia pessoalmente. O contato direto com as vítimas sempre foi fundamental. Mesmo no caso da clínica de Argonay, o que me motivou, no início, não era tanto o escândalo dessa clínica, que havia sido construída por meio de favorecimentos, mas as pessoas pobres que tinham sido internadas em Argonay, malcuidadas, e que às vezes iam a óbito. Sempre foram as vítimas que me motivaram. Eu acho que eu nunca fiz nada sem conhecer bem as vítimas. Eu as via com suas angústias, com os seus problemas financeiros, seus graves problemas de saúde. O encontro com as vítimas muitas vezes criou laços fortes que permaneceram. Dossiês abstratos não me interessavam.

O que a sua estadia na Haute-Savoie lhe trouxe?

A Haute-Savoie é uma das mais belas páginas da minha história pessoal e da minha vida como cristão, porque ali, frente a todas as instituições públicas e eclesiásticas, que apagavam escândalos, foi a minha sensibilidade pessoal e evangélica que me motivou, acordou, me fez militar, protestar, denunciar.

Eu me sentia em coerência comigo mesmo, independentemente da instituição. Eu estava sozinho: não havia a instituição

---

79 Louis Malosse (1935–1978), natural de Le Puy-en-Velay, viveu em Annecy ao mesmo tempo em que Henri. Marginalizado, usuário habitual da Praça do Bispado, no centro da cidade, tornou-se familiar aos membros do CVJ.

Igreja. Eu me implicava pessoalmente, individualmente, fora de qualquer instituição religiosa ou eclesiástica, pelos meus próprios recursos interiores. Na Haute-Savoie, inclusive lutei contra a instituição, que não cumpria seu trabalho. Eu denunciei o conluio entre o bispo e o procurador da República. Eles sabiam tudo o que a gente havia denunciado e não faziam nada. Não é possível admitirmos e deixarmos o silêncio encobrir tais injustiças.

Eu era profundamente feliz: minhas motivações mais profundas estavam realizadas. Motivações pessoais, evangélicas, me despertavam. Era a minha sensibilidade frente à injustiça — em termos cristãos: o Evangelho — que me motivava.

Quando eu estava em Annecy, com este Comitê Verdade-Justiça, e principalmente com os cristãos que dele faziam parte, eu vivia uma coerência com o Evangelho a partir das lutas que travávamos em torno de problemas de injustiça radical, que eram também problemas de vida e de morte. Eram essas ações, esses compromissos, essa solidariedade com as vítimas que faziam com que eu me sentisse coerente com a minha vocação e com o Evangelho. Aquilo que acredito ter entendido do Evangelho, eu estava vivendo, independentemente de qualquer formalismo religioso. Eu não rezava missas, mesmo que houvesse celebrações em memória de tal ou tal vítima. Não era isso que importava para mim, era o compromisso. Tudo isso ficava muito claro. Eu não celebrava, mas me lembro especialmente de uma noite, eu não sei se era a Sexta-Feira Santa ou a noite da Páscoa, eu não tinha ido à missa — eu nunca ia —, mas eu tinha passado a noite inteira elaborando um dossiê jurídico extremamente importante sobre uma das causas que a gente defendia, para esclarecer e sintetizar fatos sobre o que acontecera, entendê-los e torná-los conhecidos, e defender as vítimas. Eu tinha feito todo um trabalho de esclarecimento. Lembro-me de ter passado aquela noite da semana pascal trabalhando em minha pequena casa da Rampa do Castelo, em Annecy, sabendo que este era um momento muito importante do ponto de vista da fé cristã, estando em linha com essa festa religiosa sem, no entanto, participar de qualquer celebração, mas fazendo esse trabalho conectado ao espírito do Evangelho, à Paixão e à Ressurreição. Eu me sentia autêntico ao viver aquela noite dessa maneira.

Essas experiências na Haute-Savoie, de luta contra a injustiça e pelo direito dos pobres e das vítimas, foram para mim um novo ânimo. Eu estava de verdade. Eu entendia o Evangelho. Eu estava feliz porque estava em coerência com a minha própria fé, com a minha própria vida cristã.

Percebo agora que o que fizemos na Haute-Savoie como militantes cristãos, à margem da instituição, essas experiências de militância, eram como brotos da Teologia da Libertação. Nesses lugares de luta em prol de causas justas, sociais, contra a injustiça, vivíamos embriões da Teologia da Libertação. A gente escolhia a causa dos pobres, das vítimas, da justiça. Este é um fundamento da Teologia da Libertação: tentar estar do lado dos pobres, olhar a realidade a partir dos pobres ou das vítimas, dos moradores de rua, dos ciganos... É extremamente difícil. A gente já estava no bojo da Teologia da Libertação, mas isso se tornou ainda mais claro no Brasil.

Por que você deixou a Haute-Savoie, no final de 1978?

Eu senti que tinha de sair quando meu chefe voltou a ser um homem preso nos meandros do poder. Peterschmitt me tratava à maneira de um patrão, não mais de um amigo. A pressão sobre ele era forte demais. Na DDASS, eu me senti sem utilidade, pois não tinha mais como trabalhar. Eu tinha um carrinho para mim e podia circular um pouco. Eu estava pagando a gasolina, mas, oficialmente, não tinha mais o que fazer. E as atividades militantes que eu tinha assumido apresentavam cada vez menos interesse, porque tinham sido solucionadas, na maioria dos casos, por via administrativa. Por exemplo, para o alojamento dos migrantes, conseguimos a construção de uma casa que não era um albergue da Sonacotra, mas uma casa sustentada pela ALAP,[80] uma associação que eu tinha ajudado a criar.

Eu encontrara amigos, padres casados, em particular, a quem propus, por solidariedade clerical [*risos*], assumirem a gestão da casa. Pensava que, através dessa casa, poderia se fazer todo um trabalho militante. Infelizmente, eu me afastei da ALAP porque seus gestores demonstraram ser muito mais motivados pela defesa de seus próprios interesses materiais do que pelos interesses dos migrantes. Fiquei profundamente decepcionado e desgostoso. Aí, novamente, eu não tinha mais nada a fazer, nem como profissional, nem como militante.

Eu tinha cuidado um pouco da acolhida a refugiados chilenos em Annecy,[81] mas logo uma solução tinha sido encontrada. Quando voltava a Paris, eu me encontrava com dominicanos exilados do Brasil que haviam fugido da ditadura militar, entre eles Tito de Alencar[82] e Magno Vilela. Eu vi pouco o Tito de Alencar, que

---

80 Sigla em francês para Associação Alojamento, Acolhida, Promoção.

81 Após o golpe do general Augusto Pinochet contra o presidente Salvador Allende, no Chile, em 11 de setembro de 1973, cerca de 15.000 refugiados políticos foram acolhidos na França. Na Haute-Savoie, trinta famílias foram instaladas em uma casa da ALAP, em La Roche-sur-Foron, por iniciativa de Henri.

82 Tito de Alencar (1945–1974), natural de Fortaleza, entrou para a Ordem Dominicana em 1966, foi preso e torturado durante a ditadura entre 1969 e 1971. Partiu para o exílio em fevereiro de 1971, primeiro no Chile e, em seguida, na Itália e na França. Depois de uma curta estadia no convento de Saint-Jacques, em Paris, ele se estabeleceu, em junho de 1973, no convento dominicano de

não permaneceu muito tempo em Saint-Jacques, pois se transferiu para L'Arbresle, mas conversei bastante com o Magno Vilela.[83] Sempre que eu voltava de Haute-Savoie, a gente conversava.

Foi com esses refugiados que comecei a ouvir falar da América Latina. Eu tinha ouvido falar do Chile por causa do golpe contra Salvador Allende. No começo, eu não conhecia nada do Brasil, mas havia toda uma mobilização em Saint-Jacques, já que que nosso convento tinha tomado posição contra a ditadura e as perseguições no Brasil. Quando eu retornava, recebia informações sobre a situação no Brasil e passei a conhecer um pouco da história desse país. Lembro-me que Magno me disse certa vez que minha competência jurídica e minha experiência militante na base seriam interessantes lá. Sentia naquela época que já tinha terminado meu tempo na Haute-Savoie e procurei informações para saber como ir para lá. Os países da América Latina careciam de sacerdotes e havia um apelo a sacerdotes da Europa para ir ajudar. Havia um organismo episcopal, o CEFAL [Comitê Episcopal França-América Latina], que eu fui visitar em 1976. Vi o responsável, padre Rebillard, que me acolheu muito bem. Juntos, preparamos meu dossiê, porque só através do CEFAL era possível conseguir um visto. Mas os religiosos franceses eram malvistos pelos países latino-americanos, por causa de seu papel político e militante. Meu pedido de visto para o Brasil foi feito em 1976, mas, como não ia pra frente, o CEFAL me aconselhou a trocar de país. En-

---

La Tourette, em Éveux, perto de Lyon. Traumatizado pela experiência da tortura, suicidou-se em agosto de 1974, com 28 anos de idade. Henri acompanhou, com Xavier Plassat, a repatriação de seu corpo ao Brasil, em março de 1983.

83 Magno José Vilela (1944), natural de Formigas, Minas Gerais, entrou para a Ordem Dominicana em 1965. Comprometido na luta contra a ditadura, se exilou em 1970 no Chile, em seguida em Roma e, finalmente, em Paris.

tão eu pedi o Peru, porque ali havia uma equipe de três padres franceses da minha geração que fazia um trabalho muito bom em Cuzco, que, porém, me interessa menos que o Brasil, porque era um trabalho cultural. Finalmente, *in extremis*, o meu visto para o Brasil foi aceito pouco depois de ter protocolado meu pedido para o Peru. Foi possível desbloquear a situação por conta do conluio entre poder militar e poder religioso. Os chefes da ditadura militar brasileira se davam bem com um antigo núncio apostólico no Brasil, que era um "papável", candidato à sucessão de Paulo VI.[84]

Eles queriam que [o núncio] fosse eleito e, para facilitar sua candidatura, queriam mostrar que não tinham nada contra os padres franceses. E liberaram os vistos.[85] Mas, graças a Deus, Baggio não foi eleito papa!

Então eu parti para o Brasil em dezembro de 1978, na época da flexibilização da ditadura militar, sob a presidência do general Figueiredo.[86]

Quais eram as suas representações do Brasil? Quais eram as

---

84 Paulo VI morreu em agosto de 1978. João Paulo I foi eleito no conclave papal de agosto de 1978, mas morreu em setembro, e João Paulo II foi eleito no conclave de outubro do mesmo ano. O cardeal italiano Sebastiano Baggio (1913–1993), que havia sido núncio apostólico no Brasil de 1964 a 1969, estava entre os candidatos nos dois conclaves papais de 1978.

85 François Glory (1945), apelidado no Brasil como "Chico", sacerdote das Missões Estrangeiras de Paris, foi missionário na Tailândia e no Laos entre 1975 e 1978. Também esperou três anos por seu visto para o Brasil, na mesma época. Chegou ao Rio de Janeiro logo após Henri, em 6 de janeiro de 1979. Os dois se reencontraram em Porto Nacional (TO), após um estágio no Nordeste.

86 João Baptista de Oliveira Figueiredo (1918–1999) governou o Brasil entre 1979 e 1984, sendo o último ditador do regime militar. Em agosto de 1979, proclamou a anistia dos perseguidos políticos. [N.E]

suas expectativas?

Eu tinha discutido com Magno, que vinha de lá. Tinha admiração pelos frades brasileiros, que, muito jovens, haviam tomado partido em favor da resistência à ditadura. Eles haviam sido perseguidos, presos, torturados, como Tito. Eram colegas dominicanos, jovens que tiveram a coragem de lutar contra a ditadura. Magno também tinha me falado dos problemas da terra. Eu ia para um país que era uma ditadura e onde os problemas de terra eram explosivos. Eu sabia que haveria combates para travar.

Annecy le 22 mars 1977

le Père PERVIS
Provincial des Dominicains du Brésil

Mon Père,

Le frère Magno Vilela vous a fait part de mon désir d'aller en Amérique latine et éventuellement au Brésil si votre Province Dominicaine le souhaitait.

Sans doute est-il utile que je vous donne quelques précisions sur moi-même et mon projet.

J'appartiens à la Province de France et au Couvent Saint-Jacques à Paris. J'ai 47 ans.

De 1964 à 1970 j'ai été aumônier du Centre Saint Yves, Centre Chrétien des Etudiants en Droit et en Sciences Economiques des Facultés du Quartier latin à Paris. Avant d'entrer dans l'Ordre j'avais eu une formation juridique assez poussée.

En 1970 je suis parti avec un frère de Saint-Jacques, Jean Raguénès, à Besançon, vivre en équipe en HLM et travailler en usine.

En 1971 désirant me consacrer plus spécialement à la défense des droits des travailleurs immigrés vivant en France, j'ai eu la possibilité d'aller travailler à Annecy en Haute-Savoie, dans une administration, la Direction de l'Action Sanitaire et Sociale, sur les problèmes de conditions de logement des immigrés. J'y suis toujours.

Cela m'a amené à être de plus en plus en contact avec la population immigrée et ses problèmes, et à m'engager dans différentes actions professionnelles et extra professionnelles.

Mais voici six ans que je suis en Haute-Savoie et je crois nécessaire maintenant de changer et de me renouveler.

Or j'ai très envie d'aller en Amérique latine. J'y pense sérieusement depuis plus d'un an. Les événements de ces dernières années m'ont évidemment beaucoup sensibilisé aux problèmes de l'Amérique latine, grâce notamment à la présence des frères brésiliens exilés et de Magno en particulier. J'ai d'autre part travaillé ces derniers temps à l'accueil de réfugiés politiques latino-américains sur la Haute-Savoie.

Pour moi l'Amérique latine est aujourd'hui un lieu évangélique essentiel, d'autant plus peut-être que depuis six ans l'essentiel de mon activité concerne la défense des droits humains élémentaires, bafoués, ceux des immigrés.

J'ai parlé de mon projet au Provincial, le père Raulin, et au Prieur de Saint-Jacques, le Père Duchène, qui sont d'accord et me donnent le feu vert.

Actuellement j'ai trois pistes en cours :
– l'une au Pérou avec les dominicains français qui y sont
– l'autre au Chili dans la banlieue de Santiago
– la troisième au Brésil par Magno et vous.

Celle du Pérou m''intéresse'' moins compte tenu du caractère très particulier de la population de la région andine où travaillent surtout ces frères.

Celle du Chili me paraît sérieuse du fait qu'un prêtre chilien de grande valeur et son équipe sont d'accord pour que je vienne travailler avec eux dans une banlieue de Santiago.
Le vicaire épiscopal responsable de ce secteur leur a donné son accord. Je dois le rencontrer lors de mon passage à Paris en mai prochain. L'ennui est que les dominicains chiliens sont parait-il très mal situés idéologiquement et que je ne pourrai guère me retrouver avec eux me dit-on.

Le grand avantage du Brésil serait évidemment pour moi d'être avec les Dominicains. Magno m'a parlé de ce que font les uns et les autres et il pense qu'on trouverait peut-être à m'utiliser. Il est vrai d'autre part que la situation au Brésil et celle de l'Eglise dans ce pays donnent peut-être plus de possibilités à un étranger comme moi de s'adapter et de trouver sa place.

C'est pourquoi je souhaiterais savoir ce que vous en pensez très simplement.
Je crois important de vous préciser cependant je ne voudrais pas être affecté a une tâche institutionnelle de l'Eglise compte tenu de l'évolution que j'ai prise. D'autre part je ne suis pas un intellectuel et j'ai besoin d'être en contact des réalités concrètes. Voilà bien des restrictions, mais je crois nécessaire que vous connaissiez mes limites.
Dites moi aussi très simplement si vous préférez que je fasse un voyage de ''reconnaissance'' auparavant. Je pourrai sans doute m'arranger pour les frais de voyage.
Votre réponse me sera très utile, quelle qu'elle soit car elle me permettra d'éclairer mon choix qu'il faut que je fasse maintenant assez vite.
L'Esprit Saint y aidera aussi j'en suis sûr.
Je vous remercie beaucoup d'avance et vous assure mon Père de mes fraternels sentiments.

Henri Burin des Roziers

Annecy, 22 de março de 1977

Ao Padre Pervis,
Provincial dos Dominicanos do Brasil

Padre,

O Frei Magno Vilela o informou do meu desejo de ir à América Latina e, eventualmente, ao Brasil, se fosse também um desejo da província.

Certamente é útil dar-lhe alguns esclarecimentos sobre mim e sobre meu projeto. Eu pertenço à Província da França e ao Convento Saint-Jacques em Paris. Estou com 47 anos.

De 1964 a 1970 eu fui capelão do Centro Saint-Yves, centro cristão de estudantes de Direito e Ciências Econômicas do Quartier Latin em Paris. Antes de ingressar na Ordem, eu completei uma formação jurídica bem aprofundada.

Em 1970, saí de Paris junto com um frade do convento de Saint-Jacques, Jean Raguénès, para viver em equipe em uma moradia popular e para trabalhar em uma fábrica.

Em 1971, com o desejo de me dedicar de forma especial à defesa dos direitos dos trabalhadores migrantes vivendo na França, eu tive a oportunidade de trabalhar em Annecy, na Haute-Savoie, numa repartição administrativa da Direção da Ação Sanitária e Social, para cuidar da questão das condições de moradia dos migrantes. E lá permaneci até hoje.

Isso me levou a estar cada vez mais próximo da população dos migrantes e seus problemas e a me engajar em diversas ações, tanto profissionais quanto extraprofissionais.

Depois de seis anos na Haute-Savoie, contudo, acho necessário agora mudar e me renovar.

Estou com grande vontade de ir para a América Latina.

Estou trabalhando com essa ideia há um ano. Os eventos dos últimos anos, claro, me sensibilizaram bastante para com os problemas da América Latina, graças à presença dos frades brasileiros exilados e, particularmente, do Magno. Por outro lado, eu tive oportunidade nos últimos tempos de trabalhar no acolhimento de refugiados políticos latino-americanos na Haute-Savoie.

Para mim, a América latina é hoje um lugar evangélico essencial, ainda mais considerando que, há seis anos, minha atividade principal concerne à defesa dos direitos humanos elementares, negados: os direitos dos migrantes.

Eu conversei a respeito do meu projeto com nosso provincial, padre Raulin, e com o prior de Saint-Jacques, padre Duchêne, e ambos concordaram, dando sinal verde.

Atualmente estou com 3 pistas possíveis:

- *uma no Peru com os dominicanos franceses que ali estão;*
- *outra no Chile, na periferia de Santiago; e*
- *a terceira no Brasil, por intermédio de Magno e de você.*

A pista do Peru me "interessa" menos, em função da característica muito específica da população da região andina onde se desenvolve o trabalho principal dos frades.

A pista do Chile me parece muito séria, pelo fato de que um padre chileno de grande valor e sua equipe já estão de acordo para que eu vá trabalhar com eles numa periferia de Santiago. O vigário episcopal responsável por aquele setor também deu seu aval. Devo me encontrar com ele em Paris por ocasião de uma próxima viagem dele, em maio próximo. A dificuldade é que os dominicanos chilenos são, ao que parece, muito mal situados ideologicamente, e que seria difícil me sintonizar com eles, segundo me dizem.

A grande vantagem do Brasil, para mim, seria natural-

mente estar com dominicanos. Magno me falou a respeito do que estão fazendo uns e outros, e acha que se poderia encontrar uma forma de me aproveitar. É verdade também que a situação no Brasil e a situação da Igreja neste país abrem talvez mais possibilidades para que um estrangeiro como eu se adapte e encontre seu lugar.

Esta é a razão pela qual eu gostaria de saber o que você acha disso, com toda simplicidade.

Acho importante, porém, deixar claro que eu não gostaria que me fosse atribuída uma tarefa institucional da Igreja, por conta da evolução que assumi em minha vida. Por outro lado, não sou um intelectual e preciso ficar em contato com realidades concretas. Essas são restrições reais; avalio ser necessário que você saiba das minhas limitações.

Diga-me com sinceridade se você acha melhor eu fazer uma viagem prévia. Eu posso me virar para os gastos de viagem. Seja qual for, a sua resposta me será muito útil, pois iluminará uma decisão que devo tomar muito em breve.

O Espírito Santo também contribuirá, tenho certeza.

De antemão, eu lhe agradeço muito.

Fraternos sentimentos.

Henri Burin des Roziers

No acampamento João Canuto,
em Xinguara, Pará, 1° de janeiro de 2008.
Foto: Arquivo CPT

Brasil, Las Casas

Onde você foi recebido ao chegar ao Brasil? Como você foi se familiarizando com o país?

Cheguei ao Rio de Janeiro em 15 de dezembro de 1978. O meu convento de referência era o das Perdizes, em São Paulo. Havia dois conventos dominicanos; este era o mais antigo, localizado em um bairro da alta burguesia de São Paulo, construído dentro de um parque, em meio a uma grande propriedade. Era um convento fundado pela Província Dominicana de Toulouse, mas os frades eram brasileiros.[87] Era um grande convento, que havia sido o convento de formação. Ali, jovens frades estudantes haviam ingressado em organizações clandestinas, contra a ditadura. Foi o convento de Frei Tito de Alencar e de Frei Betto,[88] e foi ali que, de madrugada, os frades foram apanhados pela polícia. Esta

87 A Província do Brasil existe desde 1952, data da sua ereção canônica.

88 Frei Betto (1944) entrou para a Ordem Dominicana com 20 anos. Foi preso no convento de São Paulo em 4 de novembro de 1969, julgado em agosto de 1971 por atividades subversivas e condenado a quatro anos de reclusão, tendo sido libertado da prisão em 1973.

prisão causou o exílio de outros dominicanos para a Europa.

Este convento mantinha uma estreita relação com o arcebispado, o qual, naqueles anos, era bastante emblemático. O arcebispo de São Paulo, Dom Paulo Evaristo Arns,[89] era uma grande figura do episcopado, muito conhecido no Vaticano, muito temido. Ele era famoso pela sua defesa dos direitos humanos. Na época da ditadura, ele tinha criado uma Comissão de Justiça e Paz, de renome internacional. Com uma coragem extraordinária, ele sempre se posicionou em favor das vítimas da ditadura. Dada sua personalidade e seu título de cardeal, a ditadura não tinha conseguido fazer nada contra ele. Os militares o odiavam.

Os dominicanos do convento das Perdizes tinham muita proximidade com o cardeal Arns. Um deles, o Frei Gorgulho,[90] era seu teólogo de confiança. Eu fiquei algumas semanas no convento e Frei Gorgulho me apresentou ao cardeal Arns. Nesta ocasião, eu entreguei a ele um relógio de pulso que me havia sido confiado — para entregá-lo — pelos operários da fábrica Lip, de Besançon, envolvidos em um conflito [social] de repercussão internacional. Expliquei-lhe que os operários continuavam a trabalhar sem patrão, produzindo relógios que eles mesmos vendiam, clandestinamente.

A comunidade era pequena, era uma equipe bastante unida e mobilizada e eu me sentia como um peixe n'água. Durante as refeições, havia muita conversa a respeito do cardeal Arns, de

---

89 Paulo Evaristo Arns (1921–2016), franciscano, bispo (1966) e arcebispo de São Paulo (1970) até 1998. Sob iniciativa dele e de alguns outros bispos, entre 1974 e 1978, a CNBB participou da resistência à ditadura, exigindo o fim da tortura, a abolição da Lei de Segurança Nacional e o cancelamento do Ato Institucional nº 5, que em 1968 estabeleceu o estado de sítio. Durante este período, a Arquidiocese de São Paulo publicou a lista das prisões, organizou o apoio às famílias e estabeleceu uma Comissão de Justiça e Paz.

90 Frei Gilberto Gorgulho (1933–2012), dominicano brasileiro, teólogo, biblista.

suas posições, dos ataques de que era alvo por parte dos militares. Eu vivia intensamente esses momentos. Naquela ocasião, percebi que tudo o que eu tinha vivido na Haute-Savoie, esta luta pela justiça que eu tinha travado, fazia sentido e adquiria iluminação na Teologia da Libertação. Senti que todo meu trabalho passado se inscrevia nessa linha, reconhecida oficialmente pela instituição.

Eu tinha a sensação de estar reintegrado na instituição Igreja.

Em São Paulo, os dominicanos me fizeram conhecer, na periferia, comunidades de base, grupos lutando pelos direitos humanos e muitas outras pessoas. Eu pude ver coisas interessantes, tais como comunidades muito pobres que construíam seu bairro na periferia. Não estava excluída [a possibilidade de] que eu pudesse ficar ali, eu estava realmente disposto.

Depois fui para um centro [de formação] em Brasília[91] para estudar português. Ali conheci François Glory. Eu fiquei quatro meses.[92] Nós nos demos muito bem, brincamos muito, ainda mais que a atmosfera era pesada, por conta da presença de muitos sacerdotes, de muitos e diversos países, muitas vezes bem fechados e reacionários. Poucos eram militantes, eram todos padres, "a 150%", e se dedicavam a tarefas pastorais clássicas. Havia alguns franceses bem legais, mas também havia poloneses com mente fechada, até mais do que João Paulo II. Acabamos sendo malvistos pelos outros estagiários, porque, com Chico, nós brincávamos o tempo todo, mas havia certa conivência por parte dos responsáveis do centro com as piadas que fazíamos.

Eu não fui um bom aluno: tenho dificuldades com as línguas.

---

91 Centro de Formação Intercultural (CENFI), criado pela Conferência Nacional dos Bispos do Brasil (CNBB) para acolher todos os novos missionários estrangeiros.

92 Henri ficou em Brasília de 4 de fevereiro a 1° de junho de 1979.

Mas era um centro de formação muito bem-feito, porque nós tínhamos aulas de língua na parte da manhã, que com o tempo foram ficando cada vez melhores, e, na parte da tarde, havia palestras sobre os diversos organismos que existem no Brasil: a CPT [Comissão Pastoral da Terra], a ACO [Ação Católica Operária], a JOC [Juventude Operária Católica]... Era muito aberto. Foi lá que eu ouvi uma palestra sobre a CPT, cuja sede [nacional] fica a duzentos quilômetros de Brasília, em Goiânia. Também nos deram uma visão sobre os problemas indígenas, o CIMI [Conselho Indigenista Missionário], que é a entidade da Igreja para os povos indígenas, sobre a história do Brasil, a situação política do Brasil em que chegávamos, o candomblé...

Os padres e religiosos que faziam essa formação com você em Brasília sabiam onde estariam indo se estabelecer e o que iriam fazer depois?

A maneira normal para ir ao Brasil era pela mediação de uma diocese do Brasil que solicitava um padre. François Glory tinha sido solicitado oficialmente por uma diocese do Sul. Quanto a mim, meu pedido fora feito pela província dominicana.

Eu ainda não sabia onde eu iria me estabelecer. Os dominicanos disseram-me que, em primeiro lugar, eu tinha de conhecer as várias áreas de trabalho.

Quando foi que você começou a ouvir falar da Teologia da Libertação? Em São Paulo ou em Brasília?

[*Silêncio.*] O que me lembro é que, no Brasil, não se falava muito da Teologia da Libertação: ela existia, ela era praticada. É por isso que eu me sentia tão à vontade na Igreja do Brasil naquela época. O que eu fazia na França de acordo com o chamado do Evangelho, eu encontrava no Brasil, institucionalizado, no bom sentido da palavra. Havia uma Igreja que estava com estas opções, mas eu não acho que se falava muito da Teologia da Libertação.[93] Acredito que, na época, seus adeptos estavam muito mais na América Central. Lembro-me de ter conhecido, durante uma viagem à Nicarágua, um grupo altamente politizado que se dizia da Teologia da Libertação. Mais tarde, quando teólogos brasileiros assumiram abertamente esta teologia, foram condenados por Roma, a exemplo de Leonardo Boff, que não aceitou se dobrar, assim como o cardeal Arns. Boff era franciscano e, quando começou a ser perseguido por Roma, Arns foi pessoalmente a Roma para defendê-lo.[94]

Você ficou a par dos trabalhos da Conferência de Puebla, realizada pouco depois de sua chegada ao Brasil?[95]

Lembro-me de termos conversado muito a esse respeito. Fiz um longo estágio na Diocese de Goiás, a diocese de Dom Tomás Bal-

---

93 Jean Raguénès fez a mesma observação quando chegou à Amazônia, em 1995. Ver *Je vous écris du Brésil*. Paris, CEDIDELP, 2003, p. 113.

94 Em 7 de setembro de 1984, Leonardo Boff foi chamado a Roma. Ele foi acompanhado por dois cardeais franciscanos do Brasil, Paulo Evaristo Arns, arcebispo de São Paulo, e Aloísio Lorscheider, arcebispo de Fortaleza, e pelo presidente da CNBB. Em 20 de março de 1985, ele foi silenciado por um ano por uma sanção canônica contra seu texto "Igreja, carisma e poder". Ele renunciou ao sacerdócio em 1992.

95 A III Conferência Geral do Episcopado Latino-Americano foi realizada em Puebla, México, entre 27 de janeiro e 12 de fevereiro de 1979, e reafirmou a opção (preferencial) pelos pobres, aprovada na II Conferência Geral de Medellín, na Colômbia, realizada entre 26 de agosto e 6 de setembro de 1968, tendo em vista a recepção do Concílio Vaticano II no subcontinente.

duíno,[96] que era uma diocese emblemática por ter assumido uma vigorosa opção pelos pobres. Dom Tomás não aceitava qualquer um para suas paróquias. Ele tinha preparado a Conferência de Puebla na sua diocese de uma maneira muito forte. Lembro-me da família que me acolheu em sua casa por um tempo:[97] o homem e a mulher eram lideranças de uma comunidade que estava preparando a conferência. Mais tarde, eles foram lá como representantes. Na diocese de Dom Tomás, esta conferência foi realmente preparada em todas as comunidades; eu fiquei impressionado ao ver o quanto essa preparação havia sido assumida pela diocese.

Para você, o que a expressão "opção pelos pobres" abrange?

A "opção pelos pobres" é uma opção que sempre vivenciei. Ela procede do Evangelho, e a mim sempre foi muito natural. No Brasil, onde as desigualdades são muito fortes, ela é fundamental. As desigualdades ali são escandalosas: há pessoas imensamente ricas e outras terrivelmente pobres.[98] A grandeza da Igreja brasileira é ter se definido em favor dos pobres. A "opção preferencial pelos pobres" foi afirmada oficialmente na conferência do Celam [Conselho Episcopal Latino-Americano], em Medellín, em 1968. Tivemos medo que a Conferência de Puebla, em 1979, não a retomasse, mas finalmente ela a reafirmou. A CNBB assumiu essa

---

96 Tomás Balduíno (1922–2014), frade dominicano, bispo da Diocese de Goiás entre 1967 e 1998, um dos fundadores do CIMI em 1972 e da CPT em 1975.

97 Henri esteve na Diocese de Goiás em janeiro de 1979, antes de iniciar a sua formação em Brasília.

98 Em 1980, quando Henri chegou ao Brasil, os 50% mais pobres tinham 14% da renda nacional, enquanto os 10% mais ricos possuíam 48%. Nos anos seguintes, o fosso aumentou, de acordo com números citados por Bartolomé Benassar & Richard Marino em *Histoire du Brésil, 1500–2000*. Paris: Fayard, 2000, p. 606.

opção e a mesma está frequentemente presente nas paróquias. Mas, na maioria das vezes, por conta das distâncias e do custo do transporte, as pessoas realmente pobres não estão presentes nas assembleias paroquiais. Os mais pobres, muitas vezes isolados nas imensas terras do Brasil, longe das cidades, organizaram-se a si mesmos em Comunidades Eclesiais de Base (CEBs) para viver sua fé cristã, em tese ligados ao pároco da paróquia à qual são formalmente vinculados, mas, na realidade, numa considerável independência em relação à sua paróquia.[99] Constantemente proclamada em todos os níveis da hierarquia da Igreja, a opção pelos pobres, muitas vezes, permanece como mera palavra, ou princípio. Todos a proclamam, mas apenas uma minoria a vivencia realmente. Pessoalmente, eu não estava ligado a uma comunidade. Eu não fazia parte de uma Comunidade Eclesial de Base. Eu viajava muito.

Nessa opção pelos pobres, que papel foi o seu? Muitas vezes lhe apelidaram de "advogado dos sem-terra". Essa expressão lhe convém? Corresponde a uma realidade?

[*Silêncio.*] As terras nunca são neutras no Brasil. Em nossas regiões, as terras sempre são objeto de conflito: os grandes sempre procuram aumentar suas terras em detrimento dos mais fracos, e estes resistem. Eles se organizam para ocupar terras que teoricamente pertencem aos grandes. Meu trabalho tem sido sempre o de defender aqueles que não têm quase nada e que estão lutando para que sua terra não seja tomada pelos mais ricos. Meu papel, com minha responsabilidade jurídica e minha autoridade moral,

---

99 Em 1967, havia dezenas de CEBs no Brasil. Em 1975, já existiam cerca de quarenta mil. O número era estimado em oitenta mil em 1979, segundo dados do IBGE citados em Bartolomé Benassar & Richard Marino, *Histoire du Brésil...*, p. 428.

era sempre ficar do lado daqueles que eram ameaçados. Quando os pequenos se organizavam para retomar as terras, a gente estava do lado deles: era preciso defendê-los, encontrar argumentos jurídicos. Eu era o advogado dos pequenos. A expressão "advogado dos sem-terra" é elogiosa, mas, na realidade, eu não defendia apenas os sem-terra, eu também defendia pequenos proprietários ameaçados pelos grandes.

Você atuava em que quadro institucional?

Quando terminei minha formação em Brasília, eu não sabia para onde ir. Eu estava tomando conhecimento do terreno e, bastante rapidamente, ao sair do centro de formação, fui visitar a CPT em Goiânia.[100] Foi quando eles me enviaram para participar de uma reunião extraordinária no Norte porque um líder sindical havia sido sequestrado por militares. Eu deveria ir junto com um agente de pastoral italiano que acabara de ser libertado e precisaria retornar ao lugar do sequestro, em helicóptero.[101] Ele não podia ir sozinho, alguém tinha que acompanhá-lo, ninguém estava disponível, fora eu. Nicola era missionário leigo. Um homem um tanto especial. Andava a pé, de povoado em povoado, dava algum remédio de primeiros socorros e falava muito com os lavradores sobre a sofrida realidade. Despertava o povo a respeito da organização, tanto eclesial quanto sindical. O povo o tinha em grande estima. Passei três meses com ele. Um jovem advogado, Gabriel Pimenta, tinha se juntado a nós, mas não se deu bem com Nicola. Em seguida, Gabriel trabalhou para a CPT em Marabá, no sul do Pará. Ele

---

100 Entre junho e julho de 1979, Henri visitou diferentes comunidades dominicanas nos estados de Goiás e Minas Gerais antes de se estabelecer em agosto no norte de Goiás.

101 Nicola Arpone, missionário leigo, agente pastoral da CPT.

foi assassinado um dia depois de ganhar um processo.[102] [*Emoção.*] O crime foi desvendado, mas o autor nunca foi condenado.

Na sequência, permaneci ligado à CPT. É uma organização da Igreja. Há duas importantes organizações que foram criadas na década de 1970, das quais participou o bispo dominicano Tomás Balduíno.

A primeira é voltada aos indígenas. Trata-se de um grande problema no Brasil. Existem muitos povos indígenas, originários. Na década de 1960, com frequência, eram massacrados pelos colonos. Em 1972 foi criado o CIMI. Dom Tomás participou por conta de sua experiência em trabalhos com indígenas quando foi responsável pela comunidade dominicana de Conceição do Araguaia, no Pará. Esta entidade foi criada para defender os povos indígenas. Logo mais, em 1975, foi criada, para as questões da terra e dos camponeses, a Comissão Pastoral da Terra. Face à devastação das florestas e às violências praticadas contra os pequenos, algo precisava ser feito. A CPT se destinava a proteger os pequenos lavradores contra a pressão dos grandes, dos fazendeiros ou das empresas, dos grupos que tentavam se apossar de regiões inteiras, da terra e das florestas. Sua linha era a da Teologia da Libertação: a palavra de Deus que liberta, a libertação do povo de Israel cativo no Egito. Eu vivenciei isso com muita força na CPT. Todos nós estávamos envolvidos em conflitos, e o que nos motivava era a luta com os camponeses para a libertação concreta, contra a opressão, o trabalho escravo e os despejos, mas também para uma libertação interior: a libertação do coração do ser humano, do coração de cada um. Nestas lutas não havia distinção entre a libertação do coração humano e a libertação das condições de vida.

---

102 Gabriel Pimenta foi assassinado em Marabá em 18 de julho de 1982, aos 27 anos, depois de ganhar um processo de reintegração de posse em favor de 158 famílias de posseiros despejadas. O fazendeiro, que havia perdido o julgamento, encomendou o assassinato.

A CPT tem o seu secretariado nacional em Goiânia, uma cidade muito grande, a 200 quilômetros de Brasília, e tem equipes disseminadas em muitos estados, principalmente onde há conflitos de terra: nos estados do Norte — Pará — e do Centro-Oeste, no estado de Goiás. Em torno de um bispo que estava mobilizado, as equipes eram compostas por gente militante — quase sempre católicos, no entanto, com alguns protestantes, incluindo um pastor que fazia parte da equipe central, no início. Depois, certamente sob a influência de Roma e de elementos católicos centralizadores, a CNBB quis que a equipe central da CPT passasse a ser exclusivamente composta por católicos. Mas, apesar das pressões institucionais, pastores permaneceram, de fato, associados à CPT.

Eu estive primeiro em Porto Nacional, hoje estado do Tocantins, onde o bispo era um dominicano: Dom Celso Pereira de Almeida. Ele fora um dos fundadores da CPT em Goiânia, com outros bispos, como, além de Dom Tomás Balduíno, Dom Pedro Casaldáliga, do Mato Grosso, e Dom Fernando Gomes, arcebispo de Goiânia, que faziam parte desse grupo de bispos comprometidos do Centro-Oeste.[103] Estes quatro bispos formavam um núcleo e tinham participado da fundação da CPT. Dos quatro, dois eram dominicanos. Em uma carta pastoral muito famosa, lançada em 1971 ["Uma Igreja da Amazônia em conflito com o latifúndio e a marginalização social"], Dom Pedro Casaldáliga denunciou a exploração dos trabalhadores rurais tratados como escravos.

Ele se tornou uma figura emblemática para toda a América Latina, porque, sendo um militante e um poeta, inspirava todos

---

103 Celso Pereira de Almeida (1928–2014), dominicano, bispo de Porto Nacional entre 1972 e 1994; Pedro Casaldáliga (1928), missionário claretiano, de origem catalã, bispo de São Félix do Araguaia entre 1971 e 2005; Fernando dos Santos Gomes (1910–1985), arcebispo de Goiânia de 1957 a 1985.

os movimentos revolucionários na América do Sul e da América Central. Criamos uma equipe da CPT em Porto Nacional, com quatro agentes pastorais que acompanhavam os conflitos.

Em que momento a CPT pensou em aproveitar suas habilidades jurídicas?

Em Porto Nacional, trabalhei em torno de conflitos muito grandes. As terras eram muito pobres e só dava caju: havia empresas enormes — Agropig, por exemplo[104] — que tinham dezenas de milhares de hectares de caju, com trabalhadores rurais que eram camponeses da região. Havia ainda grandes fazendas tradicionais, com gente muitas vezes oriunda de famílias locais antigas, que se deixavam completamente enganar por essas grandes empresas que plantavam caju em suas terras, sem nem perceber. Estas famílias antigas não conseguiam apresentar seus títulos de propriedade. Essa gente que eu defendia não era pobre.

De Porto Nacional, eu também ia mais e mais para o norte: a gente fazia mil quilômetros de estrada na Belém-Brasília, e eu ia até o sul do Pará, onde havia conflitos. Eu estava ainda ligado formalmente a Porto Nacional, e ali voltava para folgar e descansar, mas eu já estava o tempo todo no norte, com lavradores, na divisa dos dois estados, Goiás[105] e Maranhão, separados pelo rio Tocantins. No Maranhão, havia uma cidade importante para aquele tempo — não havia ainda grandes cidades por lá — que devia ter seus sessenta ou setenta mil habitantes: Imperatriz.

---

104 Agropig, fundada em 1973, com sede em Gurupi, procurou desenvolver a produção de substitutos para a gasolina como parte de um programa subsidiado pelo Estado, ameaçando posseiros do município de Peixe. (Arquivo Regis Waquet.)

105 O norte do Goiás seria desmembrado, dando origem ao Tocantins, após a Constituição de 1988.

Do lado de Goiás, onde estávamos, havia muitos pequenos lavradores, totalmente resignados, explorados e dominados por médios fazendeiros muito duros. Eu ia sempre do outro lado do rio, a Imperatriz, que era para nós uma cidade de apoio. Havia um bispo, não muito comprometido, mas éramos acolhidos numa residência pertencente aos franciscanos: a gente ia lá para comer bem, dormir, tomar um banho. Havia alguns advogados que entendiam do assunto.

Eu havia ficado impressionado com certa resignação de vários lavradores, convencidos de que os títulos apresentados pelos grandes proprietários eram verdadeiros. Mas alguns deles estavam começando a despertar. Neste lugar bastante estratégico, o Estado criara uma região especial diretamente sob a autoridade dos militares.[106] O pessoal temia os militares, ligados às oligarquias. Uma grande operação fundiária fora deslanchada e era necessário que milhares de lavradores da região se registrassem para serem reconhecidos como moradores. O prazo era muito curto. Era uma tática para tirar os pequenos lavradores da região. Logo e rápido, eu fui cuidando disso. Ora, para habilitar os lavradores para o registro, era necessário que os documentos fossem apresentados por um advogado. Não havia advogado e eu ainda não era reconhecido como advogado.

Fui procurar do lado de Imperatriz e me recomendaram um jovem advogado, muito simples, mas conhecido como um bom advogado: Osvaldo.[107] Fui vê-lo em sua pequena casa e, para

---

106 Trata-se do Grupo Executivo das Terras Araguaia-Tocantins (GETAT), cujos agentes eram em sua maioria militares diretamente vinculados ao presidente da República, e que supervisionava todos os organismos estatais no extremo norte de Goiás, no sul do Pará e no Maranhão ocidental.

107 Osvaldo de Alencar Rocha (1936–2000), professor de Direito, presidente da subseção do Maranhão da Ordem dos Advoga-

minha surpresa, ele concordou. Nós fomos imediatamente para o outro lado do rio, e ele tomou a palavra diante de uma centena de lavradores que haviam sido orientados a se juntar para receber informações. Ele falou de uma forma tão simples, tão cristalina, sobre problemas complicados, que todos os agricultores entenderam perfeitamente. Ele lhes disse que se encarregava de cadastrá-los nos centros administrativos e lhes pediu para não ceder à pressão e não deixar suas terras. Ele iria defendê-los, desde que permanecessem em suas terras. É assim que começamos a trabalhar juntos. Ele era excelente, com um dom para mobilizar os camponeses que se organizavam. Esclarecia os trabalhadores sobre seus direitos, principalmente o direito de posse. Eu, o estrangeiro, eu não dava conta, enquanto ele, de imediato, galvanizou centenas de agricultores, que se mobilizaram.

Então você trouxe subversão a essas comunidades de agricultores resignados...

Eu não era o único. Havia também umas religiosas, três francesas: Nicole, Mada e Bia,[108] e uma brasileira, Lurdinha, que eram irmãs da base, que viviam com o povo. Elas ajudaram muito a fazer o meio de campo, pois, no seu rincão, elas tinham a confiança dos camponeses.

E assim sensibilizamos os sindicatos e os lavradores, que passaram a acreditar em seus direitos. Era realmente um trabalho subversivo, absolutamente.

---

dos do Brasil entre 1979 e 1980, advogado do Sindicato dos Trabalhadores Rurais de Imperatriz e da CPT, membro e assessor jurídico do Partido dos Trabalhadores.

108 Madeleine Hausser e Béatrice Kruch, duas irmãs naturais da Alsácia, na França, permanecem até hoje inseridas no interior do atual estado do Tocantins.

Como você fazia para preparar os processos nessas regiões isoladas?

Era muito difícil. O método consistia em afirmar o direito à terra, o direito à vida. No plano legal você não tinha títulos, mas você defendia o direito à vida. Os grandes têm vinte mil hectares e os pequenos ocupam dez hectares à beira da estrada, talvez nem isso.[109] Ao longo das estradas, há sempre uns tantos metros de cada lado que pertencem ao Estado ou ao município. Os camponeses se colocam à beira das estradas para mostrar que eles precisam de terra, mas os fazendeiros tentam expulsá-los. Nas beiras de estrada a gente podia defendê-los, porque eles estavam em uma franja de vinte, trinta, quarenta metros, que é de domínio público. Mas nem sempre havia bases legais robustas e, então, a gente reivindicava um direito de posse: existe no Brasil uma regra muito importante, que diz que, se você ocupa uma terra durante certo tempo e o proprietário não se manifestou, você adquire o direito de posse. Você não se torna proprietário, mas você tem o direito de nela ficar. Para defender os pequenos, todos os argumentos são bons. Pode ser que o proprietário tenha se manifestado. Mas como pode ele comprovar isso? Contestam-se testemunhas por meio de outras testemunhas.

Trabalhamos muito desta forma. Era cada vez mais difícil, porque os fazendeiros foram ficando cada vez mais bem orientados por advogados. Eles invocavam oficialmente seu direito de propriedade. Muito dependia de instâncias administrativas, atra-

---

109 Segundo o Censo Agropecuário de 2006, elaborado pelo IBGE, as propriedades com mais de mil hectares, 0,92% do total de estabelecimentos rurais, ocupavam 45% da área rural do país, enquanto as menores, com menos de dez hectares, ocupavam 2,3% da área rural do país, embora respondessem por 48% do número de estabelecimentos rurais. [N.E.]

vés de processos escritos e enviados ao juiz, sem necessariamente precisar de audiência, ou, se precisasse, era uma audiência muito rápida. O veredicto dependia muito do juiz, mas, na grande maioria dos casos, infelizmente, o juiz estava do lado do proprietário, porque, espontaneamente, o juiz está muito mais propenso a acreditar em proprietário, a menos que este seja um meliante notório. Eles pertencem à mesma classe social.

Quando e como você se tornou advogado no Brasil? Você teve que estudar o Direito brasileiro?

Osvaldo, o advogado com quem trabalhava, era muito competente, mas, depois de algum tempo, sua situação tornou-se insustentável. Em Imperatriz, os clientes o largaram assim que começou a trabalhar com a gente. Ele tinha que escolher: ou a CPT ou seus clientes maiores, comerciantes de Imperatriz. Ele não tinha mais dinheiro, mas tinha uma esposa e uma criança para cuidar. Por meio da CPT, busquei financiamento na CAFOD,[110] uma organização católica inglesa. Mas a CAFOD não concordou em financiar advogados em lutas camponesas com receio de que isso pudesse desmobilizar os camponeses, pois poderiam pensar que os advogados iriam resolver todos os problemas. Dom Celso me ajudou a encontrar outro financiamento e conseguimos uma pequena ajuda financeira para Osvaldo, no exterior, na Misereor,[111] através da Diocese de Porto Nacional. Osvaldo fez um trabalho extraordinário. Eu o acompanhava em todo lugar e, para mim, era uma extraordinária escola de

---

110 Catholic Agency For Overseas Development [Agência Católica para o Desenvolvimento Exterior], associação humanitária do Reino Unido fundada em 1962, membro da rede Caritas Internationalis desde 1965.

111 Misereor é uma agência de desenvolvimento e cooperação da Igreja Católica alemã, fundada em 1958.

formação jurídica popular. Continuei com ele. Ele tinha uma coragem incomum. Mais tarde entrou na política, foi um dos fundadores do Partido dos Trabalhadores na região. Muito brilhante, foi chamado para assessorar a CPT Nacional e, depois de algum tempo, se mudou para Goiânia. Dava aulas de Direito na Universidade de Goiânia. Quando eu tinha um problema jurídico difícil, eu o chamava pelo telefone, pegava o ônibus à noite, ia trabalhar um dia na casa dele e, no outro dia, retornava para o norte.

Foi em 1984 que me tornei advogado, mas fui dispensado de cursar o Direito brasileiro. Ao chegar ao Brasil, o provincial tinha me apresentado um grande jurista brasileiro, em São Paulo. Este jurista, Fábio Konder Comparato, havia feito uma tese de Direito Comparado sobre a França e os Estados Unidos, e conhecia minha tese. Ele já era bastante conhecido e muito estimado. Era o decano da famosa Faculdade de Direito do Largo São Francisco. Altamente respeitado pelos advogados, elaborava lindos textos sobre a nova Constituição. Sempre foi uma referência na marcha em direção à democracia.

Ele era um católico praticante: era o homem da CNBB, não só enquanto advogado, mas também enquanto personalidade ética. Ele me disse que eu deveria ser advogado. Na França, eu nunca quis sê-lo, isso não me interessava. Ele apresentou meu dossiê à Universidade de São Paulo (USP), mas a mesma recusou as minhas equivalências e exigiu que eu fizesse dois anos de estudo do Direito brasileiro. Eu não tinha mais nenhuma vontade de estudar e, por isso, desisti. Mas, quando Osvaldo deixou o norte, encontrei-me sozinho, e isso me incomodava. Como fazer? Eu reapresentei meu pedido à faculdade e à Ordem dos Advogados de Goiânia. Eu conhecia um professor influente que apoiaria minha demanda. Para minha surpresa, meus diplomas foram reconhecidos. Eu só tinha que passar por uma prova de português. Quando anunciei isso, todos os colegas da CPT explodiram de rir. Minha fala era muito ruim, com um sotaque abominável. Ninguém achava que eu pudesse ser aprovado. No dia da prova, um sábado, fui convocado à faculdade, que estava fechada. Me fizeram entrar, eu passei por um labirinto de corredores e cheguei até uma grande e majestosa sala. Me deparei com uma senhora, com colares, sentada em uma grande cadeira, atrás de uma grande mesa. Era ela que devia aplicar a minha prova de português. Então eu me sentei, muito educadamente. Ela era simpática. Solene, mas simpática. Ela me fez uma pergunta e eu respondi. E imediatamente ela me interrompeu: "Senhor, o pessoal lhe entende ali onde o senhor trabalha?" Começava mal! Então eu tive uma ideia genial, que era uma meia mentira. Eu disse: "Sim, senhora. Eu trabalho no norte, em regiões bastante isoladas, povoadas por comunidades tradicionais de camponeses negros, descendentes de escravos fugitivos que não falam realmente o português, mas um dialeto." Ora, esta mulher estava fazendo sua tese sobre os dialetos. Aí então parti para invenções. Ela ficou extremamente interessada! Nós conversamos por um longo tempo, de modo que, ao meio-dia, ela me convidou para almoçar, mas eu recusei. Eu era esperado na minha comunidade dominicana. Eu a agradeci muito. Ela foi embora e eu escapei do almoço. Na verdade, eu tirei uma nota 18 — a prova valia 20! A CPT não acreditava! Graças a ela, comecei a exercer a profissão de advogado, tendo o apoio de antigos companheiros meus, agentes de pastoral que, motivados pela realidade, se tornaram excelentes alunos de Direito.

O recurso à Justiça é uma maneira pacífica de resolver os conflitos de terra?

Não. Era explosivo. No campo, os pequenos agricultores ocupavam as terras, e os proprietários enviavam capangas. Às vezes havia mortes. Eu estava no campo, lá onde isso acontecia. Eu tomava partido, sempre pelos pobres. Nesses lugares aonde eu fui, se a luta tomou essa forma violenta, não foi por acaso. A dinâmica da luta tinha algo de violento — do contrário, seria necessário aguardar Matusalém!

Enquanto isso, as pessoas sofrem e morrem. A não violência não é o meu estilo, de jeito nenhum. Estudei Gandhi, eu li muito sobre ele, é muito bonito... Mas a violência vem primeiro dos opressores, sem dúvida. A luta é uma resposta.

Nas cidades vizinhas das áreas onde havia conflitos de terra, era preciso ter cuidado. Durante as reuniões do sindicato, a gente mandava fechar as portas. Reconheço que era preciso ter cuidados, mas eu tinha a impressão de que as pessoas na minha equipe exageravam o perigo.

Fui ameaçado e fui colocado sob proteção, após o assassinato da irmã Dorothy na mesma região onde eu trabalhava.[112] De vez em quando saía nos jornais uma lista de "marcados para morrer", com a tabela de preços. No momento de seu assassinato, Dorothy valia cinquenta mil reais, e para mim a avaliação era de cem mil reais. O governador me impôs uma proteção. Eu não podia recusar, até para não ser expulso do Brasil e não colocar a Igreja em uma posição difícil. Meus guarda-costas me ajudavam também como motoristas, o que, nos últimos anos, me possibilitou viajar aonde eu quisesse.

A profissão de pistoleiro existe à luz do dia na Amazônia. Lembro-me muito bem que, muito antes desses eventos, na pe-

---

112 Dorothy Mae Stang (1931–2005), religiosa norte-americana pertencente à Congregação das Irmãs de Notre Dame de Namur, mudou-se para o Brasil em 1966 para trabalhar com questões de reforma agrária e vinculou-se à CPT. Após anos recebendo ameaças de morte, foi assassinada com seis tiros no município de Anapu, no Pará, em 12 de fevereiro de 2005, a mando de um fazendeiro. [N.E.]

Na fazenda Chichakli, após o assassinato de um dos posseiros, Vale do Juari, Pequizeiro, Tocantins, 1988.
Foto: João Ripper/Imagens Humanas

quena escola de um povoado, bem modesto, quando as crianças tinham que se apresentar, algumas diziam publicamente: "Meu pai é pistoleiro." Todo mundo sabia.

Eu fui advertido várias vezes para ter cuidado. Uma vez, um dos meus guarda-costas, muito esperto, que estava dirigindo meu carro, pediu para falar comigo em separado. Ele sabia que dois caras estavam preparando meu assassinato: ele havia ouvido falar de como iam proceder para me matar. Outra vez, pouco antes disso, uma enfermeira, morrendo de medo, que vivia num barraco de madeira no meu bairro, em Xinguara, tinha ouvido uma conversa de vizinhos a respeito de uma oferta para assassinar "o Frei Henri", e o nome do fazendeiro que fazia a oferta. Eu conhecia a fazenda dele e sabia que, na divisa da propriedade, já haviam encontrado corpos de pessoas que ele havia mandado eliminar. Ele queria me matar, eu sabia, porque eu tinha trabalhado bastante para defender camponeses que ocupavam uma fazenda da qual ele se dizia proprietário. Ele já havia matado dois agricultores desta comunidade que eu defendia. Havia dito que, se perdesse a terra, ele mataria o Frei Henri. E perdeu aquela terra. E por meios legais! Ali sabíamos que havia perigo. Avisei o governador, que enviou sua polícia — que me odiava. Os policiais foram ter com o fazendeiro e ele negou, claro. No entanto, esta movimentação me protegeu porque, sabendo que era suspeito, ele não se atreveu a tentar qualquer coisa contra mim. Havia, na minha região, caras muito perigosos.

A violência é a mesma em todas as regiões do Brasil por onde você viveu?

Em Porto Nacional, a violência era menor porque esta é uma região de tradição, muito antiga, com proprietários antigos, descendentes de velhas famílias. Havia pistoleiros, mas era menos violenta do que o Pará e em todas as regiões de colonização recente, onde a floresta está para ser tomada, as árvores para serem tombadas, as terras para serem ocupadas. É muito mais violento em regiões de novas fronteiras.[113]

Por que você saiu de Porto Nacional e foi para Gurupi em janeiro de 1985? Você estava fazendo ali o mesmo trabalho?

A cidade de Gurupi está situada na grande artéria norte-sul entre Brasília e Belém. Gurupi estava "no meio", a seiscentos quilômetros ao norte de Brasília. Porto Nacional era isolada, a cem quilômetros da estrada principal, por onde acontecia toda a circulação. Com a minha equipe da CPT, a gente se sentia longe dos eixos de grande trânsito. A gente circulava muito para o norte e para o sul, e era preciso ir primeiro até a estrada principal, atravessando morros e vales, por uma pista que, nos primeiros tempos, não era asfaltada. Nos estabelecemos em Gurupi e aí ficamos por vários anos. Quanto a mim, eu continuei a ir com grande frequência ao norte, acompanhando os conflitos da região do Bico do Papagaio.

Eu viajava de ônibus, passava noites inteiras esperando em rodoviárias, muitas vezes os ônibus que passavam estavam lotados. Era extenuante, mas, uma vez sentado no ônibus, a gente achava confortável.

---

113 Em trinta anos, entre 1980 e 2010, a população da Amazônia dobrou. Chegou a 20 milhões de habitantes. Um relatório da CPT contou, entre 1964 e 1990, 1.630 casos de assassinatos de camponeses, índios, advogados, padres e religiosos, sindicalistas e líderes políticos envolvidos no movimento dos sem-terra e na defesa dos direitos dos agricultores, particularmente na Amazônia. Em 17 de abril de 1996, em Eldorado dos Carajás, no Pará, a polícia matou dezenove camponeses pertencentes ao MST.

Curva do s. em ato do MST pelo aniversário de nove anos do Massacre de Eldorado dos Carajás, 2005
Foto: João Laet

Em 1990, você tirou um "ano sabático" para visitar vários países da América Central. O que você queria ver na América Central?

Falava-se muito naquele tempo da situação de tensão política na América Central e da influência que os Estados Unidos ali exerciam. Muito também se falava a respeito de parte da Igreja que assumia posições muito engajadas. A mim interessava ir à Guatemala e, especialmente, a El Salvador, onde o arcebispo Romero havia sido assassinado.[114] Eu tirei um ano sabático para descobrir esses tão falados países da América Central.

Durante esses dez meses, de fevereiro a novembro de 1990, que países você visitou?

Eu estive na Nicarágua como observador internacional, porque havia novas eleições. Senti muito fortemente um partido dominante que tinha o poder: os sandinistas.[115] Essas eleições já pareciam ganhas. Esta situação não me deixou à vontade. Não encontrei nada a dizer quanto à legalidade do processo eleitoral, mas havia um condicionamento ideológico em favor dos sandinistas que me desagradou. Os Estados Unidos pagavam os grupos de oposição, os *contras*, forçando o governo sandinista a se radicalizar.

---

114 Oscar Romero (1917–1980), arcebispo de San Salvador desde 1977, defensor dos pobres e vítimas da repressão, foi assassinado durante uma missa em 24 de março de 1980.

115 Henri esteve na Nicarágua, em Manágua, em fevereiro de 1990, durante as eleições. Os sandinistas, liderados por Daniel Ortega, estavam no poder desde 1979 e enfrentavam a guerrilha dos *contra*, financiada pelos Estados Unidos, em um clima de Guerra Fria. A Frente Sandinista de Libertação Nacional (FSLN) perdeu as eleições em fevereiro de 1990 para Violeta Chamorro, que teve 55% dos votos ao prometer a paz e a recuperação econômica do país, esgotado por quase uma década de guerra.

Depois visitei Cuba, acompanhado por dois amigos brasileiros: Maria Luisa, uma irmã dominicana, e Jaime, um leigo ligado ao movimento popular.[116] Eu tive uma impressão ruim, pois era no momento mais duro.[117] Havia o boicote americano, Cuba estava em dificuldade, saltava aos olhos a pobreza e os líderes tinham se radicalizado em seu comunismo. Não me animou nem um pouco. Percebi uma posição congelada, sem qualquer dinâmica, toda uma ditadura mental que impunha uma ideologia marxista, uma maneira de pensar.

Segui para El Salvador. Na região de El Salvador[118] havia movimentos de guerrilha contra as forças armadas, inclusive, por vezes, com gente da Igreja, uns jesuítas. Com eles fui para o interior, a uma área de resistência, para ver como era. Um jesuíta e uma das freiras me explicaram que levavam armas, mantimentos e remédios. Estes religiosos lutavam pela libertação do país, contra os militares, com aquela sede de independência que vai até a luta armada, em prol de algo muito profundo, a libertação de um país contra a opressão. Não era tanto o fato de ser uma luta armada o que eu questionava, mas o fato de eles lutarem arriscando suas vidas. Neste país, visitei a catedral onde Dom Romero fora assassinado e a casa onde foram mortos, alguns meses antes, vários jesuítas e sua empregada doméstica.[119]

---

116 Maria Luisa Pantarotto e Jaime Xavier de Oliveira são membros da Comissão Justiça e Paz da Família Dominicana no Brasil.

117 Henri visitou Cuba de 4 a 14 julho de 1990, meses após a queda do Muro de Berlim, em plena decadência do comunismo na Europa. A ilha entrou em profunda crise econômica, dando início a um "período especial", nas palavras proferidas por Fidel Castro em setembro de 1990.

118 Henri voltou para a Nicarágua com seus amigos entre 14 e 17 ou 18 de julho de 1990, e tiveram uma curta estadia em El Salvador, entre 17 ou 18 de julho e 20 de julho.

119 Alguns meses antes, em novembro de 1989, na sequência de uma

Você também visitou Honduras e Guatemala. Qual é o país que mais o seduziu durante o seu périplo na América Central?

A Guatemala.[120] Havia uma opressão muito violenta do poder militar e uma forte resistência do povo, especialmente na capital, a Cidade da Guatemala. Participei de grandes manifestações, principalmente de mulheres, porque seus maridos haviam sido sequestrados e estavam desaparecidos. Estas mulheres estavam organizadas num movimento muito corajoso, que fazia pressão sobre os militares para reencontrar seus maridos ou seus filhos, organizando marchas na capital.[121] Eu havia encontrado clandestinamente essas mulheres na sede da organização. Ficara impressionado porque os militares haviam jogado uma bomba na casinha delas, algum tempo antes. Eu já tinha conhecido algumas dessas militantes no Brasil, por meio de Lilia Azevedo.[122] Lilia era uma senhora da alta burguesia, muito inteligente, uma leiga dominicana de quem

---

guerrilha puxada pela extrema esquerda da Frente Farabundo Martí de Libertação Nacional, a repressão dos militares foi muito violenta na capital San Salvador e nas periferias. Em 16 de novembro, seis jesuítas, assim como uma empregada doméstica e sua filha, foram assassinados em sua residência pelos "esquadrões da morte", grupos paramilitares ligados ao meio político de extrema direita do presidente Alfredo Cristiani.

120 Henri ficou três meses na Guatemala entre meados de março e meados de junho de 1990 e voltou para lá com seus amigos de 20 a 30 de julho.

121 Trata-se do Grupo de Apoio Mútuo (GAM), uma associação de parentes de pessoas sequestradas pelo Exército, liderado por Nineth Garcia, cujo marido desapareceu em 1984. O GAM elaborou uma lista com três mil nomes. Em uma carta de 9 de agosto de 1990, Henri comparou este movimento ao das Mães da Praça de Maio, na Argentina.

122 Lília Azevedo (1929–2008), coordenadora em nível internacional de um movimento brasileiro da Ação Católica, tradutora de textos produzidos por teólogos da libertação, cofundadora da Comissão Justiça e Paz da Família Dominicana no Brasil, em 1986.

eu gostava muito, e que eu visitava cada vez que ia a São Paulo. Ela fazia parte de uma equipe de solidariedade internacional, junto com um amigo dela que eu conhecia bem, o frade dominicano João Xerri.[123] Na Guatemala, há muitos vales. As viagens são muito perigosas por lá: os micro-ônibus correm a toda velocidade à margem de precipícios. Muitas vezes eu senti medo. Separados por vales, há nove povos indígenas, cada um com sua própria língua, sem se compreender um ao outro. Fui para o interior da Guatemala, onde havia uma repressão terrível, especialmente na parte mais próxima à fronteira com o México, muito violenta. Havia alguns bispos fantásticos; eu conheci o bispo de Quiché, que era muito ameaçado. Reinava um clima de terror nessa região.[124] Tratava-se de uma luta política contra o poder [que estava] nas mãos dos opressores, militares aliados às classes sociais de cima.

Na Guatemala, eu também fui a um lugar chamado Rabinal, onde tem uma igreja, toda branca, do século XVI, do tempo de Bartolomeu de las Casas.[125] Nesta região, chamada por isso Verapaz, "paz verdadeira", Bartolomeu queria converter os índios sem recorrer à violência. Foi o próprio Bartolomeu de las Casas que escolheu Rabinal para implementar uma comunidade dominicana.

---

123 João Xerri (1947), eleito prior do convento dos dominicanos de Perdizes, em 1980, foi assistente do provincial da Província Dominicana do Brasil em 1982.

124 Henri ficou duas semanas no Quiché, área situada a noroeste da Cidade da Guatemala, território do povo quiché, descendente dos Maia, que sofreu repressão pelo exército entre 1973 e 1983. Em 1981, o bispo, os sacerdotes e religiosos deixaram a Diocese de Quiché devido às ameaças de morte que recebiam. Entre 1960 e 1996, a guerra civil impôs à Guatemala ditaduras sucessivas contra as rebeliões comunistas.

125 Henri foi até lá sozinho na primavera de 1990, sendo posteriormente acompanhado por Maria Luísa e Jaime em julho de 1990. Rabinal está localizado no departamento de Verapaz, a duzentos quilômetros da Cidade da Guatemala. Sobre Bartolomeu de las Casas, ver o final deste capítulo.

Havia dominicanos que faziam um trabalho cultural muito importante: eles viviam nas montanhas com os indígenas, com a perspectiva de compreender sua história, seus costumes, língua, religião... Um trabalho lindo. Lembro-me que me disseram que não estavam engajados na defesa dos direitos humanos, e que seria interessante eu me juntar a eles para este trabalho. Eu me interessei por essa proposta e vislumbrei a possibilidade de me agregar à comunidade deles. Fazia dez anos que eu estava no Brasil, e procurava algo diferente.

Na sequência passei algumas semanas no Haiti, no interior do país, numa comunidade dominicana que acompanhava a vida dos pequenos agricultores daquela região. O país ainda estava sob o domínio do ditador Baby Doc, mas começava a se falar bastante de um jovem sacerdote, um grande líder, o padre Aristide,[126] que liderava uma luta de libertação do país. Alguns dos frades da equipe dominicana também estavam envolvidos nessa luta.

Então você regressou ao Brasil,[127] e ali permaneceu...

Ao retornar, eu passei por Goiânia, na CPT Nacional, e precisavam de um advogado em Rio Maria[128] para acompanhar as inves-

---

126 Jean-Bertrand Aristide (1953), padre salesiano, líder do movimento pró-democracia contra a ditadura de Jean-Claude "Baby Doc" Duvalier, que governou o país entre 1971 e 1986. Aristide foi eleito presidente e governou o Haiti em três ocasiões: em 1991, sendo rapidamente deposto por um golpe militar; entre 1994 e 1996, e entre 2001 e 2004, quando foi novamente deposto por um golpe militar. A saída definitiva de Aristide, patrocinada pelos Estados Unidos, abriu espaço para a instalação da Missão das Nações Unidas para a estabilização no Haiti (Minustah), liderada pelo Brasil. [N.E.]

127 Antes de voltar para o Brasil, em 15 de novembro de 1990, Henri passou dois meses no Peru, entre setembro e outubro de 1990, e alguns dias na Bolívia, em La Paz.

128 Rio Maria é um município localizado no Pará, ao norte de Conceição do Araguaia, próximo a Xinguara.

tigações sobre o assassinato de um dirigente sindicalista. Eu me ofereci. Gradualmente, eu me especializei, com foco na impunidade, numa luta cujo alvo era que os autores de crimes contra pequenos agricultores fossem identificados e julgados. Pode parecer uma chatice para alguns, mas, para mim, não era! Era bastante diferente da luta da Pastoral da Terra para animar os pequenos lavradores nas comunidades de base. Esse era o meu objetivo: fazer condenar os assassinos de pequenos lavradores. Mas, indo mais além, condenar para quê? Para acabar com a impunidade e, cessando a impunidade, acabar com a matança. Quando você luta para que sejam identificados os assassinos das pessoas simples, você luta pela dignidade da pessoa humana, das vítimas e de suas famílias. Finalmente, nos processos contra os pistoleiros, esses capangas armados, que os fazendeiros contratam para matar os pequenos camponeses, vejo que nesses momentos... eu não sei como dizer isso... eu não estava motivado por misericórdia cristã, não, eu queria vê-los condenados e duramente condenados! Não é fácil denunciar alguém que pertence ao mundo cristão. Eu estava sozinho, eu seguia minha consciência.

Trabalhei para condenar os assassinos de vários presidentes de sindicato.[129] João Canuto, um dos fundadores, foi assassinado em 1985, na época em que Rio Maria [ainda] estava na fronteira da floresta amazônica. Ali chegavam fazendeiros, pequenos agricultores e sem-terra para ocupar e tomar terras. Os conflitos explodiam. Havia um sindicato muito forte, porque à sua frente tinha estado um assessor muito bom, Paulo Fonteles,[130] advogado que tinha conseguido realizar um bom trabalho de consciência política,

---

129 Sindicato dos Trabalhadores Rurais com seção local fundada em Rio Maria, em 1983.

130 Paulo Fonteles (1949–1987), alcunhado de "advogado-do-mato", assassinado em Ananindeua, no Pará, com 38 anos.

um grande militante. Na década de 1980, fora criado um sindicato politizado, próximo ao Partido Comunista do Brasil (PCdoB), uma dissidência do PC oficial, (muito) mais combativo. João Canuto era um dos fundadores do sindicato. Retomei seu processo, completamente enterrado, e os mandantes foram condenados pelo tribunal do júri. Quando cheguei a Rio Maria, Expedito Ribeiro de Sousa,[131] o segundo presidente do sindicato, acabara de ser assassinado, em 2 de fevereiro de 1991, poucos dias antes da minha chegada.[132] Conseguimos encontrar o mandante.[133] A história de seu processo e de sua condenação foi longa e difícil, porque as instâncias da administração e da justiça de Rio Maria eram novas e muito precárias. Este processo me deu muita dor de cabeça. Apesar de dois mandados de prisão contra ele, o (muito) grande fazendeiro que tinha mandado assassinar Expedito costumava passar ostensivamente, de camionete, acompanhado por quatro guarda-costas armados com metralhadoras, pela estrada à frente da guarita dos policiais militares, na entrada da cidade. Tivemos um trabalho árduo para que o julgamento fosse realizado em outra jurisdição, fora de Rio Maria, em Belém. Mais tarde, consegui que o fazendeiro fosse convocado perante o tribunal do júri. Mas, como ele não comparecia e, naquela época, não se podia condená-lo à revelia, o júri não podia ser realizado. Prendê-lo era responsabilidade da polícia do Pará, a

---

131 Poeta, negro, natural do Mato Grosso, candidato nas eleições municipais de Rio Maria em 1988 pelo PCdoB.

132 Henri telefonou para Ricardo Rezende, pároco de Rio Maria, em 7 de fevereiro, para oferecer sua ajuda, e chegou a Rio Maria em 10 de fevereiro. Participou da criação dos comitês Rio Maria e da organização de um dia contra a violência em 13 de março. Henri, que tinha planejado se estabelecer na Guatemala, foi adiando sua partida em três a quatro meses, mas, no outono de 1991, renunciou definitivamente, dada a magnitude dos processos existentes em Rio Maria.

133 Jerônimo Alves Amorim ofereceu duzentos mil cruzeiros a Passarinho, um pistoleiro disposto a executar o "serviço".

qual, estando nas mãos da oligarquia dos fazendeiros, nunca fazia nada para pegá-lo. Consegui a mobilização da Polícia Federal, o que era teoricamente impossível. Graças à pressão internacional, o Secretário de Direitos Humanos da Presidência da República, com quem me encontrei, finalmente apoiou a intervenção da Polícia Federal. O chefe da Polícia Federal em Brasília precisava do mandado de prisão: eu tinha uma cópia autenticada e imediatamente fui levá-la. Com a ajuda da Interpol, a polícia prendeu Jerônimo Alves de Amorim em Cancún, no México, na hora em que embarcava num navio de cruzeiro. Vimos sua imagem estampada em todos os jornais do Brasil, trazido de volta algemado. Durante o julgamento perante o júri, por pouco não conseguiu fugir.

O caso ficou conhecido nacional e internacionalmente.[134] Grandes advogados, especialmente um advogado muito militante na época da ditadura, muito corajoso, Luiz Eduardo Greenhalgh,[135] e o ex-presidente da Ordem dos Advogados do Brasil, Márcio Thomaz Bastos,[136] se ofereceram para atuar no processo, mas eles estavam em São Paulo. Eu estava *in loco* e cuidava das primeiras instâncias antes de chegar ao tribunal do júri. Gastava-se muito tempo. Quando surgia algum bloqueio, eu, às vezes, conseguia liberar o processo por meio de denúncias, petições, mas às vezes era preciso que eles interviessem.

---

134 Maurice Lemoine, que conheceu Expedito em 18 de agosto de 1990, publicou seu retrato no *Le Monde Diplomatique* de dezembro de 1990, algumas semanas antes de seu assassinato.

135 Luiz Eduardo Greenhalgh (1948), advogado de políticos e sindicalistas presos e torturados durante a ditadura, membro fundador do Partido dos Trabalhadores. Foi vice-prefeito de São Paulo no governo de Luiza Erundina, entre 1989 e 1993, e ocupou vários mandatos como deputado federal por São Paulo entre 1990 e 2007.

136 Márcio Thomaz Bastos (1935–2014) foi presidente da OAB entre 1987 e 1989 e ministro da Justiça durante o governo Lula entre 2003 e 2007.

Eu usava a imprensa regional e nacional para que os processos fossem adiante e não permanecessem enterrados na gaveta de um juiz. Vez ou outra, um jornalista do Tribunal de Justiça, que eu conhecia, escrevia um artigo e relançava o caso.

Eu era assistente de acusação das vítimas junto ao promotor de justiça. Eu tinha um trabalho considerável para preparar os processos, reunindo provas de todo tipo, correspondências, testemunhas que precisava esconder e proteger. Eu preparava todo o processo e, no julgamento, eu estava lá, vestindo a toga, mas não atuava. Grandes advogados de São Paulo, Rio, Brasília ou Belém chegavam um ou dois dias antes das audiências. A gente trabalhava, eu lhes apresentava o processo, dava-lhes todas as provas. Durante essas audiências, eu não intervinha, mas eu podia ser chamado para transmitir peças. Jerônimo foi condenado em 2000 a dezenove anos de prisão, mas nunca cumpriu a sentença. Ele passou alguns meses na prisão, depois disse que estava doente e foi rapidamente liberado, por complacência, e absolvido.

Lembro-me de outro processo importante, paralisado em uma alta instância do Fórum de Justiça de Belém. A presidente do tribunal era muito cristã, então pedi a ajuda de Dom Tomás Balduíno, que conseguiu ter uma conversa com ela na CNBB, em Brasília. Fomos também ajudados por Dom Erwin Kräutler, bispo da Diocese de Altamira, no Pará.[137] A CNBB fez uma carta, publicada nos jornais, dizendo que, se o julgamento não acontecesse, a justiça estaria legitimando a impunidade. O processo avançou.

---

137 Erwin Kräutler (1939), austríaco, missionário, bispo da Prelazia do Xingu em Altamira desde 1980, presidente do CIMI de 1983 a 1991 e de 2006 a 2015, se insere na corrente da Teologia da Libertação.

Você também se meteu no combate ao trabalho escravo?

Os primeiros casos de trabalho escravo que acompanhei surgiram quando eu estava com Ricardo Rezende[138] em Rio Maria. Ele é o padre com quem morei ao chegar em Rio Maria, em 1991. Foi um dos primeiros a denunciar a existência de trabalho escravo, ou seja, de trabalhadores rurais recrutados com falsas promessas e forçados a trabalhar naqueles lugares perdidos no meio da floresta, sob a ameaça de pistoleiros, maltratados e, às vezes, mortos. Trabalhadores haviam fugido de fazendas, onde eram tratados como escravos.[139] Em particular, havia uma enorme fazenda no sul do estado do Pará, a fazenda Rio Cristalino, que pertencia à Volkswagen, que Ricardo já havia denunciado. Já havia registros e a questão estava andando: quando cheguei, acabava de acontecer a visita oficial de um membro da direção da Volkswagen, quem negava tudo. Quando, mais tarde, Ricardo foi para o Rio de Janeiro, continuei sozinho. Fui a Brasília participar de reuniões onde levava denúncias de casos de fazendas que praticavam o trabalho escravo em grande escala. Eu ia ver as autoridades com os meus dossiês e com provas. Em princípio, elas negavam os fatos, mas, aos poucos, alguns destes agentes públicos começaram a demonstrar interesse: eu voltava a visitá-los pessoalmente para convencê-los. À força de apresentar fotos, denúncias, fatos concretos, pouco a pouco esses funcionários públicos, principalmente procuradores da Repú-

---

138 Ricardo Rezende Figueira (1952), mineiro, padre em Rio Maria entre 1988 e 1996. Foi coordenador regional da CPT Araguaia-Tocantins, em Conceição do Araguaia, onde chegara em 1977. É o autor de *Rio Maria, canto da terra* (Petrópolis: Vozes, 1993, reeditado e ampliado em 2008 pela Civilização Brasileira).

139 Ver *A Lenda da terra dourada*, documentário de Stéphane Brasey, 2007 (TV Suisse Romande & Artemis Films).

blica, começaram a acreditar que o trabalho escravo existia. Então, as autoridades superiores não podiam mais negá-lo. Outra fase foi a de pressionar para que houvesse ações concretas contra o trabalho escravo. Eu estava quase que sozinho nessa empreita. Eu havia alertado a CPT Nacional sobre isso de estar sozinho e, aos poucos, a CPT passou a mandar representantes a essas reuniões [do Fórum Nacional contra a Violência no Campo]. Muitas vezes não tinham nenhum caso concreto para apresentar, e era eu que os trazia. Por muitos anos conduzi sozinho esse trabalho. O trabalho escravo foi reconhecido oficialmente em 1995, em discurso em rede nacional, pelo presidente Fernando Henrique Cardoso.[140] A luta tomou nova dimensão, especialmente quando a Comissão Interamericana de Direitos Humanos se interessou pela questão,[141] a partir de duas denúncias que elaborei em nome da CPT junto com o CEJIL [Centro de Justiça e Direito Internacional]. Em 1995, foi criado um órgão federal específico contra o trabalho escravo.[142] Isso tudo era o

---

140 Fernando Collor de Mello, presidente do Brasil entre 1990 e 1992, assinou em setembro de 1992 o decreto que lançou o Programa para Erradicar o Trabalho Forçado (Perfor), mas os primeiros resultados foram escassos. Em 1994, o presidente Fernando Henrique Cardoso, que exerceu entre 1994 e 2002, assumiu publicamente a existência do trabalho escravo e anunciou a criação de um grupo especial de fiscalização. Em 2003, Luiz Inácio Lula da Silva, à frente do Planalto entre 2003 e 2010, lançou o primeiro Plano Nacional de Erradicação do Trabalho Escravo, seguido, em 2008, de um segundo plano, articulando ações de prevenção, de repressão e de inserção.

141 Criada em 1960, a Comissão Interamericana de Direitos Humanos (CIDH) é uma das duas instâncias de proteção aos direitos humanos da Organização dos Estados Americanos (OEA). Com sede em Washington, nos Estados Unidos, pode realizar inspeções específicas no caso de violações de direitos humanos e fazer recomendações aos Estados-membro. A outra instância é a Corte Interamericana de Direitos Humanos, situada em San José, na Costa Rica.

142 Em 1995, o Ministério do Trabalho criou o Grupo Especial de Fiscalização Móvel, que, com a ajuda e proteção da Polícia Federal, se

resultado de um trabalho de muito longo prazo. Em 1997, as CPTs da região Norte iniciaram uma campanha nacional de combate ao trabalho escravo. Xavier Plassat[143] contribuiu desde então e está até hoje na articulação desta campanha.

Você usa a palavra "articulação" e usa o verbo "articular" para se referir às suas ações. O que eles dizem da sua maneira de agir?

Acho que tenho algum dom para isso. Não se trata apenas de me envolver diretamente em todas as causas pelas quais trabalhei, mas de chegar, aos poucos, a envolver outras pessoas. Articular é conseguir, em relação a causas ou problemas específicos que você tem como essenciais, envolver outras pessoas, evitar que os grupos permaneçam isolados uns dos outros, e tentar cada vez mais que haja uma coordenação da ação de todos esses grupos. Chamamos isso de "articulação". Eu sempre tive essa forma de agir, já [era o caso] na Haute-Savoie. O caso concreto em si é portador de um problema político. Eu sempre tive certa relutância em começar pelo outro lado, pela teoria, pelo aspecto moral da causa. Eu nunca me senti à vontade quando se fala dos problemas de forma teórica.

---

desloca aos lugares onde foram relatadas denúncias de trabalho escravo. Se for confirmada a situação, os trabalhadores são libertados e têm direito ao seguro-desemprego. Multas são impostas aos empregadores, que devem fazer imediatamente o pagamento de salários e encargos. Em seguida, os trabalhadores são enviados de volta para seus locais de origem, e as despesas de viagem ficam por conta do empregador. Entre 1995 e 2017, a CPT registrou 1.579 denúncias de trabalho escravo (um em cada dois casos de trabalho escravo identificados no país), envolvendo 41.388 trabalhadores. No mesmo período, o Ministério do Trabalho identificou 51.415 trabalhadores em situação de trabalho escravo, e resgatou 49.797 deles. [N.E]

143 Xavier Plassat (1950), frade dominicano, se mudou para o Brasil em 1989, a serviço da CPT, começando a atuar contra o trabalho escravo em 1997. Tornou-se então coordenador da campanha nacional da CPT contra o trabalho escravo.

Sempre comecei por casos concretos, numa abordagem de denúncia progressiva, partindo desses casos concretos. Esta abordagem me parece justa e coerente com a minha personalidade.

De que tipo de redes você procurava o apoio para as lutas em que participou?

Eu mandava informações aos conventos ou a organizações do exterior, especialmente na França, por meio de toda uma rede, a fim de angariar apoios solidários. A DIAL era o melhor difusor da informação.[144] Charles Antoine, seu diretor, tinha vivido no Brasil. Eu o abastecia com artigos para divulgar as situações de luta que eu vivia.

Meus correspondentes assinavam petições, informavam os jornais... No caso de uma causa importante — não recordo mais a qual —, eu tinha solicitado apoio por meio de cartas dirigidas às autoridades brasileiras. Lembro-me muito bem que havia dado o endereço do presidente do Tribunal de Justiça de Belém. Certa vez, passei por lá e topei com servidores que me disseram que estavam debaixo de uma verdadeira avalanche dos correios. Cartas chegavam em massa! Costumávamos escrever uma proposta de carta em português e em francês e, para facilitar a participação, indicávamos nomes e endereços dos destinatários, criteriosamente selecionados, de forma que bastava assinar. Eu trabalhava muito sobre o texto e a autoridade à qual seria dirigido. Era preciso localizar onde havia bloqueio e enviar a carta para a pessoa certa, nominalmente, não anonimamente. Era também necessário ter cuidado para não aborrecer as pessoas que nos

---

144 A revista DIAL, acrônimo para divulgação de informação sobre a América Latina, foi criada por Charles Antoine em 1971. Alimentada por uma rede de correspondentes em todos os países da região, oferece traduções de artigos e divulga documentos.

Acampamento Itamarati, 2007.
Foto: João Laet

apoiavam, porque existiam muitas ações de solidariedade: não era só a América Latina, mas também a Palestina, por exemplo.

Comitês Rio Maria[145] foram se criando em muitos lugares: em Lyon [na França], na Bélgica, na Alemanha, para fazer pressão sobre as autoridades e garantir que os processos avançassem. O Comitê Rio Maria da região de Rio Maria, onde morávamos, produzia notas periódicas sobre a situação dos processos. Enviávamos estes comunicados aos vários Comitês Rio Maria, e estes os divulgavam em sua região ou seu país. Uma professora de Boston, Madeleine Cousineau, que fazia uma pesquisa sobre a Igreja,[146] entrou em correspondência com Ricardo, porque ela tinha lido os livros dele. Ela veio ao Brasil e se reuniu conosco e com Ricardo. Ela se interessava por tudo o que fazíamos e criou um comitê em Boston. Boston permaneceu por muito tempo um contato importante. Este comitê tinha muito peso. As autoridades brasileiras em Brasília recebiam dos Estados Unidos abaixo-assinados e cartas.

A gente fazia também pressão sobre o Banco Mundial, que concedia financiamentos a alguns dos fazendeiros. Denunciávamos a violência que estes usavam na região, juntando testemunhos e dossiês. Fui várias vezes ao Banco Mundial, em Washington, mas a viagem custava uma fortuna. Ali estava também a sede da OEA. Em Washington, havia ONGS muito competentes no plano jurídico. Nós enviávamos casos e pedíamos para nos ajudarem na elaboração de representações, de denúncias oficiais em instâncias como o Banco Mundial ou a Comissão Interamericana de Direitos Humanos da OEA.

---

145 Os Comitês Rio Maria foram constituídos em fevereiro de 1991, após o assassinato do dirigente sindical Expedito Ribeiro de Sousa, no modelo dos Comitês Chico Mendes. Seus objetivos: divulgar os crimes, para punir os responsáveis e ajudar as famílias das vítimas.

146 Madeleine Cousineau, professora no Mount Ida College, em Newton, é autora de *Promised Land: Base Christian Communities and the Struggle for the Amazon*. Albany: SUNY Press, 1995.

Estas representações deviam obedecer às normas do Direito Internacional. Essas ONGs enquadravam nossos casos nas formas legais exigidas e protocolavam naquelas instâncias. Uma dessas ONGs chama-se CEJIL, de Washington.[147] Eu me articulava com esta entidade numa relação de parceria e total confiança.

Para resolver os problemas da terra, você acreditou na possibilidade de uma reforma agrária?

Ela nunca foi feita. A terra no Brasil é um elemento simbólico que representa a riqueza. Na história, as ditaduras, muitas vezes, se originaram nos conflitos de terra. A terra é um símbolo, ainda hoje. No Brasil as pessoas ricas muitas vezes têm fazendas pelo símbolo que representa a propriedade, mais do que pelo lucro, com exceção, talvez, do Norte, onde o desmatamento é uma fonte de lucro nas novas áreas abertas na Amazônia, e onde grandes especuladores de São Paulo compram ou roubam terras para a mineração do ferro, do níquel, do ouro... Se você é rico, você tem que ter pelo menos uma grande fazenda. É o

---

147 CEJIL (Center for Justice and International Law, em inglês) é uma organização não governamental fundada em 1991 por um grupo de militantes de direitos humanos da América Latina. Atua no Sistema Interamericano de Direitos Humanos da OEA oferecendo assistência gratuita, consultas e representações às organizações de direitos humanos e às vítimas em todos os países do continente. Junto com o CEJIL, Henri foi, em nome da CPT, peticionário em duas importantes denúncias contra o Estado brasileiro, motivadas por graves omissões no combate ao trabalho escravo: em 1992, no "Caso José Pereira", o qual, em 2003, resultou na assinatura, pelo governo brasileiro, de um Termo de Solução Amistosa com a CIDH; e, em 1998, no "Caso Trabalhadores da Fazenda Brasil Verde", denúncia aceita pela CIDH e encaminhada à Corte Interamericana de Direitos Humanos, que condenou o Brasil em sentença publicada no dia 15 de dezembro de 2016. Ambos são considerados paradigmáticos para o avanço da política de combate ao trabalho escravo no país.

símbolo da riqueza, porque o Brasil nasceu da colonização. As terras eram do rei de Portugal, que julgava ser também sua responsabilidade a expansão do cristianismo.

A terra sempre foi um símbolo fundamental na história do Brasil e na representação do poder. Já houve tentativas muito fortes de reforma agrária por parte de grupos revolucionários, como as Ligas Camponesas, no Nordeste. Esses focos — esses embriões de revolução — sempre foram combatidos pelos militares. Essas tentativas isoladas sempre foram reprimidas pela força, aniquiladas. Em 1964, o regime ditatorial do Brasil nasceu a partir de mais uma tentativa de reforma agrária no Nordeste.[148] Com o poder nas mãos, os militares, na sequência, inauguraram uma longa ditadura muito dura.

A chegada de Lula ao poder mudou algo para os camponeses com quem você trabalhava?

O fenômeno Lula nasceu em 1980, em São Paulo. Lula era um metalúrgico no ABC, uma região com muitas indústrias automobilísticas. Ele trabalhou em uma dessas empresas. Ele não era nenhum revolucionário. Os trabalhadores lutavam por aumentos salariais, tinham formado sindicatos muito combativos. Lula participou de uma greve e logo se revelou um grande orador popular. Ele discursava em grandes encontros e subiu os degraus [do sindicato].

Nos estados do Sul, um partido político foi criado: o PT, Partido dos Trabalhadores. Lula foi logo um dos líderes do PT, o qual, gradualmente, se espalhou Brasil afora.

---

148 Em 1964, o presidente João Goulart, que governou entre 1961 e 1964 prometendo realizar as chamadas "reformas de base", como a reforma agrária, foi derrubado por um golpe militar com o apoio da Igreja católica, da imprensa e de setores empresariais.

A gente ouvia falar muito sobre isso em jornais, no rádio, mas isso não acontecia onde a gente estava. Era um movimento operário, não um movimento camponês. Mas o PT se espalhou nas grandes cidades de nossa região, como Belém e até mesmo Xinguara.[149] O PT organizava transportes, ia buscar as pessoas, de carro ou de caminhão, para irem votar, mesmo de muito longe. Os camponeses tinham eleito parlamentares do PT para o Congresso. Lula dissera que iria desapropriar a terra [para a reforma agrária], por isso surgiram muitas ocupações de terras públicas.[150]

Você participava da vida política?

Eu não assistia aos comícios políticos: essas reuniões são insuportáveis, como todo *meeting* político. Slogans, dinheiro para comprar votos... Todos esses *meetings* não me interessam, de jeito nenhum.

Eu via como acontecia no dia da votação. Eu ia para alguns locais de votação nos bairros mais pobres de Xinguara, para dar alguma confiança aos eleitores desses bairros. Havia irregularidades, fraudes, mas, como o PT era importante, ele monitorava a votação. Infelizmente, [o fiscal] muitas vezes era alguém sem preparo, um pouco perdido, que não sabia ler o suficiente, que não sabia como verificar. Esses militantes, muitas vezes, analfabetos ou quase, de qualquer maneira, não conseguiam se impor.

Eu era estrangeiro, eu ficava bastante prudente. Ao adentrar no local de votação, eu cumprimentava as pessoas de qualquer

---

149 Na década de 2000, até seu regresso à França, em 2013, Henri viveu em Xinguara.

150 No início de 2000 havia cinco milhões de famílias à espera de terra, cinquenta mil acampadas à beira de estradas. Lula havia estabelecido uma meta para distribuir terras para quatrocentas mil famílias em quatro anos. O MST estima que apenas 26 mil famílias foram assentadas no primeiro mandato de Lula.

partido que fossem. O pessoal me via e eu sabia que, para certos grupos, isso era um apoio indireto. Todos sabiam quais eram as minhas opções. Eles sabiam que eu estava no campo do PT. O partido que representava os pobres era o Partido dos Trabalhadores, mesmo que, posteriormente, tenha se deixado corromper. Circular por ali mostrava que eu atribuía importância a essas eleições. Minha presença tinha um significado, mesmo que eu nunca tenha intervindo. Nas noites de votação, eu ia para o Fórum de Xinguara, onde se fazia a centralização da apuração dos votos. Todos ali me conheciam, o juiz, o promotor, o prefeito, todas as autoridades, gostassem de mim ou não. Minha presença, creio, colocava um pouco de respeito sobre o que estava acontecendo e um pouco de calma. Eu nunca interferia, mas estava presente. Todo mundo sabia dos combates que eu travava nos problemas de terra, contra os fazendeiros, mas era respeitado, mesmo por aqueles que me odiavam. Nunca fui insultado publicamente. Eles sabiam que eu estava incondicionalmente a favor dos pobres, junto com a CPT. Os pobres me estimavam. Até os ricos, no fundo [*risos*], me respeitavam pelo que eu fazia em defesa dos pobres, mesmo que fosse contra eles.

Era um trabalho de justiça. O fato de ser um religioso e um padre ajudava.[151] Para as pessoas, o fato de ser padre era uma garantia de honestidade.

Em Xinguara, no domingo, quando eu não estava viajando, eu celebrava uma missa no dia, ou na parte da manhã, ou à noite. Havia muita gente. Evitava fazer homilias tendenciosas, seja qual fosse o lado. Lembro que uma vez havia acontecido durante a semana uma denúncia de trabalho escravo em uma fazenda dis-

---

151 No filme *A lenda da terra dourada*, os proprietários de terras proferem palavras duras contra o "padre francês".

tante oitenta quilômetros de Xinguara, que havia sido mencionada pela televisão regional e nacional. Na missa seguinte — caiu na época da Campanha da Fraternidade da CNBB — me referi a este caso, dizendo que, em nossas regiões, estes eram problemas concretos, constantemente presentes, às vezes muito próximos a nós. Bastava ser honesto, abrir os olhos, escutar. Ninguém podia ignorar isso. Um ou dois homens, fazendeiros, levantaram-se. No dia seguinte, o bispo veio a Xinguara: paroquianos tinham ido vê-lo, escandalizados com o que eu dissera no dia anterior. Ele me disse: "Você fez política, você não pode."

Lembro-me de outro conflito bem forte com o meu bispo. A pastoral da diocese tinha sido um pouco influenciada por nós, que defendíamos a opção pelos pobres. Não era a linha dele, com a qual, visceralmente, não concordava. Ele dizia que os ricos também eram cristãos, portanto era para respeitá-los. Esposas de fazendeiros, que obviamente eram pilares da paróquia, haviam dito que formariam entre elas grupos de espiritualidade. Diziam que se sentiam marginalizadas, que outras famílias não queriam frequentar esta paróquia, pois estava presa a uma ideologia a favor dos pobres. Elas queriam organizar um clube de ricos, com refeições de ricos para essas famílias se sentirem à vontade. Elas pediram ao bispo para participar de suas reuniões. Ele concordou. Passamos então a questioná-lo e a entrar em conflito com ele.[152]

---

152 Entre 1978 e 1998, João Paulo II trocou mais da metade dos bispos do Brasil, nomeando conservadores ou moderados, enfraquecendo assim a corrente da Teologia da Libertação. Em 1985, Dom Hélder Câmara (1909–1999), arcebispo de Olinda e Recife, foi substituído por José Cardoso Sobrinho (1933), que desmontou a Pastoral Popular. Em 1988, a Arquidiocese de São Paulo foi dividida em cinco dioceses, a fim de enfraquecer o cardeal Dom Evaristo Arns.

Você se sentiu à vontade na Igreja brasileira até o fim?

Quando cheguei ao Brasil, em São Paulo, onde o arcebispo era o cardeal Arns, era extraordinário. Eu acho que sua linha em favor dos pobres estava presente no Brasil inteiro, embora houvesse sempre dioceses amarradas a posições mais tradicionais.[153] Em 1986, [no episódio da] morte de padre Josimo,[154] o secretário-geral da CNBB, Dom Luciano Mendes,[155] compareceu ao funeral. Essa linha ainda permaneceu por alguns anos, mas, nos anos 1990, gradualmente, ela mudou.[156] Essa Igreja se institucionalizava — se posso assim dizer —, já vimos, podíamos perceber essa evolução no estilo da sede da CNBB, em Brasília. Inicialmente, na década de 1980, entrávamos como queríamos. Era muito acolhedor, simples. Mas chegou um dia em que as moças da recepção apareceram vestidas com traje funcional, com uma pequena jaqueta colorida e botões dourados! Tudo mudou. A prova: havia se tornado algo oficial, e a gente não podia mais entrar como queria.

---

153 Em 1980, na primeira viagem de João Paulo II ao Brasil, o episcopado brasileiro tomou posição a favor de uma "reforma abrangente das estruturas agrárias". François Glory estima que cerca de um terço dos trezentos bispos brasileiros estava na linha da "opção pelos pobres" no início dos anos 1980.

154 Josimo Morais Tavares (1953–1986), pároco na região do Bico do Papagaio e coordenador da CPT Araguaia-Tocantins, foi assassinado em 10 de maio de 1986 na sede da CPT em Imperatriz, no Maranhão.

155 Luciano Pedro Mendes de Almeida (1930–2006), jesuíta, bispo brasileiro, secretário-geral da CNBB entre 1979 e 1987 e presidente da CNBB entre 1987 e 1994.

156 O "cristianismo de libertação" sofre um refluxo no Brasil a partir de meados dos anos 1980. Ver Michael Löwy, *A guerra dos deuses: religião e política na América Latina*. São Paulo: Vozes, 2000.

Quais são os textos que lhe têm inspirado e acompanhado em todos esses anos? O que dava sentido a seus compromissos?

Não é através de grandes leituras que nutro minha reflexão. Há dois textos da Bíblia que eu amo muito. O primeiro é um texto do Antigo Testamento retomado por Jesus em Lucas, capítulo 4 (Lc 4, 18-19). Jesus está na sinagoga e responde a perguntas. É dado a ele o livro do profeta Isaías. Ele abre e cai nesta passagem: "18. O Espírito do Senhor está sobre mim, porque ele me consagrou com a unção, para anunciar a Boa Notícia aos pobres; enviou-me para proclamar a libertação aos presos e aos cegos a recuperação da vista; para libertar os oprimidos, 19. e para proclamar um ano de grça do Senhor." É um texto que eu gosto muito.

O outro é uma carta de São Paulo aos Efésios ou aos Colossenses. Eu sempre erro ao dar a referência.[157] Este texto é chamado *kénosis*: Jesus, que era de condição divina, se rebaixou e humilhou, passando por todo o sofrimento, até a morte. É um pouco mais longo, mas o tema é este.

Eu também gosto dos textos de circunstâncias: textos de Martin Luther King, de Dom Hélder Câmara. Eu sempre guardei na memória uma frase dele: "Não deixem cair a profecia."[158] No Brasil, durante uma pequena celebração, uma pequena reflexão meditativa e contemplativa que fazíamos entre nós na CPT, de tempos em tempos, pegávamos esses textos. Nos últimos anos, eu divulguei um belo texto de Madre Teresa de Calcutá. É um texto um tanto voluntarista: não abandone, não desista, continue, apesar e contra tudo, até o fim.

---

157 A referência exata é Filipenses 2, 6-11.

158 "Não se esqueçam da profecia", sentença recolhida e utilizada por Marcelo Barros de Souza, monge beneditino brasileiro, para o livro *Dom Hélder Câmara: profeta para os nossos dias*. São Paulo: Paulus, 2013.

Em certo momento, eu meditei bastante a grande frase do dominicano Montesinos, pronunciada em uma pregação — no século XVI, na ilha de Hispaniola, a primeira inserção dominicana no "novo" continente — diante de todos os colonos, entre devotos e supersticiosos, reunidos para a missa dominical.[159] Aqueles dominicanos logo ficaram escandalizados com a forma como os colonos tratavam os indígenas, e eles refletiram entre si na pequena comunidade bem pobre em que viviam. Aos poucos, frente à dureza dos colonos para com os indígenas, que presenciavam diretamente, eles se questionaram, leram os textos da Bíblia, dos Evangelhos, do Eclesiastes, e chegaram à conclusão de que a atitude dos colonos não era evangélica. Um domingo, em sua igrejinha, eles decidiram juntos desafiar os colonos e escolheram entre si um que falava melhor. Eles prepararam o sermão juntos, e Montesinos, que era o melhor na pregação, o proclamou. Estando todos reunidos, ele disse: "Por acaso, estes aí não são homens?", designando os índios com quem os colonos viviam, os escravos que eles massacravam. Foi uma bomba! Os colonos saíram furiosos da igreja, foram até o convento, ao lado, e pediram para ver o pregador.

O prior respondeu: "Aquele que pregou, somos nós, sou eu, essa é a nossa pregação." Isso continua sendo um exemplo muito forte. Dizem que Las Casas, que havia recebido terras na Hispaniola, para converter os selvagens para a fé cristã e dar mais valor à terra em nome do rei, talvez tenha testemunhado essa pregação ou dela logo tenha ouvido falar. Fato é que ela o ajudou a tomar consciência e a libertar seus escravos.

Bartolomeu de las Casas é uma grande referência para mim. Durante meus quatro anos de Saulchoir, eu tinha tido apenas três

---

159 Antonio de Montesinos (1475–1540), frade dominicano, profere dois sermões em 11 e 18 de dezembro de 1511, em Santo Domingo, perante os colonizadores espanhóis, proprietários de *encomiendas*.

horas sobre os grandes profetas da América Latina e a história da Ordem [Dominicana] na América Latina. Impensável! Os sete anos de estudo eram centrados na Europa. Eu tinha ouvido falar de Bartolomeu de las Casas, mas só isso.

Las Casas era um jovem clérigo [espanhol] que acabava de ser ordenado, enviado pelo rei mui cristão para a ilha da Hispaniola como colono, para explorar um imenso território. Os indígenas eram então escravos dos que recebiam estas terras. Bartolomeu recebeu [uma terra em] Cuba, com os índios que aí estavam, à sua disposição. Quando chegou como colono, todo encantado com sua missão, começou sendo um excelente colono: desenvolveu a terra de forma exemplar, fazendo-a produzir.

Era citado como um modelo de colono. Mas tratava bem seus escravos. Depois do sermão de Montesinos, ele resolveu libertar seus escravos, mas, uma vez que se tornavam livres, eles não encontravam mais onde trabalhar. Bartolomeu começou então sua luta para que os escravos libertos tivessem terras para explorar e produzir seu sustento. Acho isso muito interessante porque mostra o grau de sua conversão. Primeiro: ele tem escravos, mas — primeira atitude de conversão — ele os trata bem. Segundo: ele fica incomodado por eles serem escravos, então — segunda etapa de sua conversão — ele os liberta. Libertados, os índios estão morrendo de fome e — terceiro passo da conversão — então começa toda a sua luta [não só] pela libertação dos escravos, mas também para que recebam terra. E não ficou por aí: ele ainda entrou nos dominicanos.[160]

---

160 Bartolomeu de las Casas (1474–1566), nascido em Sevilha, na Espanha, em uma família de comerciantes, parte em busca da fortuna em Hispaniola [ilha que hoje abriga Haiti e República Dominicana] em 1502. Ele recebe uma *encomienda*, ou seja, o direito de usar um grupo de índios para trabalhar a terra. É ordenado sacerdote em 1512, mas continua no ano seguinte em Cuba suas atividades de *encomendero*. A partir de 1514, conscientiza-se da injustiça do sistema da *encomienda* e tenta reformá-lo. Em

Fui provocado por essa história em 1990, quando fui a Rabinal, na Guatemala, na pequena comunidade onde frades me a contaram, naqueles exatos lugares onde Bartolomeu de las Casas viveu. Eu me tranquei oito dias na pequena biblioteca do convento da Cidade da Guatemala e li todos os livros que pude encontrar sobre ele. Nestes rastros, percebi o que ele representa na América Latina: defensor dos índios, o primeiro que publicamente botou a boca no trombone. Eu tentei viver como ele. E, como ele, eu acho que a revolta contra a injustiça tem sido sempre o motor, a principal motivação da minha vida.

1522, entra para a Ordem Dominicana após o fracasso de uma experiência de evangelização pacífica ao norte da Venezuela. Depois de dez anos em silêncio, entre 1522 e 1531, passa a pregar na atual Nicarágua contra a violência das conquistas militares de 1537 e 1538. Na Guatemala, lidera uma campanha para uma evangelização pacífica em uma terra que levará o nome de Verapaz. Retorna definitivamente à Espanha em 1547, onde trabalha na difusão de suas ideias com a publicação de tratados, entre os quais está *A muito breve relação da destruição das Índias*, escrito em 1542 para o rei Carlos V e publicado em 1552.

PROVÍNCIA DOMINICANA
SÃO TOMAS DE AQUINO
BRASIL

Rua Caiubi, 120
05010 São Paulo, SP

Uberaba, le 13 janvier 1981.

Au Père Jean René Bouchet
Provincial de la Province de France

Cher Père,

Notre Chapître provincial a élu le 6 janvier le Père Mateus Rocha pour succéder au Père Jean Michel Pervis dans la charge de Provincial.

À cette occasion nous tenons à vous exprimer notre gratitude pour l'aide fraternelle que la Province de France a maintes fois donnée à notre Province du Brésil.

De façon très spéciale nous vous remercions d'avoir bien voulu permettre au Père Henri Burin des Roziers de venir travailler parmi nous. Son ministère auprès des pauvres gens de notre "sertão" brésilien est pour nous tous un exemple, à la fois discret et efficient, de l'option pour les pauvres et de la lutte pour la justice. Vous savez que ce ministère n'est pas sans risque que le frère accepte avec la bonne grâce que vous lui connaissez.

Nous vous redisons notre gratitude, cher Père, et nous vous assurons de notre prière pour vous et pour les frères de la Province de France.

Fraternellement en Saint Dominique,

fr. Mateus Rocha, provincial

fr. Bruno Palma, définiteur

fr. Sérgio Lobo de Moura, déf.

fr. Márcio A. Couto, sécretaire

fr. José Rezende Ribeiro, déf.

fr. João Xerri, déf.

Uberaba, 13 de janeiro de 1981.

Ao fr. Jean-René Bouchet
Provincial da Província da França

Caro Padre,

Nosso Capítulo provincial elegeu dia 6 de janeiro o Padre Mateus Rocha para suceder ao Padre Jean Michel Pervis no cargo de provincial.

Na oportunidade queremos expressar-lhe nossa gratidão pela fraterna ajuda que a Província da França, por várias vezes, tem dado à nossa província.

De maneira muito especial, nós lhe agradecemos por ter aceito que o Padre Henri Burin des Roziers pudesse vir trabalhar entre nós. Seu ministério junto aos pobres do nosso "sertão" brasileiro é para todos nós um exemplo, ao mesmo tempo discreto e eficiente, da opção pelos pobres e da luta pela justiça. O Sr. sabe que este ministério não está sem riscos, que o frade aceita com aquela boa graça que lhe é própria.

Lhe expressamos novamente a nossa gratidão, caro Padre, e lhe asseguramos de nossa oração, para o Sr. e para os frades da Província da França.

Fraternamente, em São Domingos,

fr. Mateus Rocha, provincial
fr. Bruno Palmas, definidor
fr. Sérgio Lobo de Moura, definidor
fr. João Xerri, definidor
fr. Márcio A. Couto, secretário

Na casa de Isabel Ribeiro de Souza, irmã de Expedito Ribeiro de Souza, março de 2010, Rio Maria, Pará.
Foto: Arquivo CPT

Acampamento Frei Henri

Em homenagem ao trabalho de Frei Henri Burin des Roziers como advogado dos lavradores sem-terra no Brasil, no Pará, entre 1979 e 2013, seu nome foi dado a um grande acampamento do MST. Uma grande faixa, com alguns errinhos de ortografia bem legais, foi colocada na entrada. Uma foto foi levada a Frei Henri no início de dezembro de 2015 por um dos seus amigos brasileiros, que é procurador da República naquela região.

Acampamento de famílias sem-terra em Curionópolis, Pará.
Foto: Arquivo CPT

PAMENTO!
HENRI DE ROISIERS
ST
A AGRÁRIA
CIAL E SOBERANIA POPULA

Posfácio

Frei Henri des Roziers, que permanece presente entre nós, foi um exemplo extraordinário seja como sacerdote, advogado, defensor dos direitos humanos ou simplesmente como pessoa humana. Tenho imenso orgulho de tê-lo conhecido e partilhado algumas preocupações comuns. Minha admiração pela sua tenacidade, dedicação e coragem, aumenta exponencialmente ao conhecer novos episódios de sua vida de militância, reunidos neste livro. Descritas com simplicidade e objetividade, estas inúmeras etapas de uma permanente entrega constituem um acervo de atitudes exemplares, a serem seguidas por todos os que se dedicam à defesa dos direitos do homem.

Vim a conhecê-lo somente em 1991, como Presidente do Conselho Federal da Ordem dos Advogados do Brasil. O Frei Henri des Roziers, era um dos líderes mais ameaçados de morte pelos latifundiários e seus pistoleiros da região de Rio Maria, no Pará, na região nefastamente conhecida pelos assassinatos a mando, próxima ao Bico do Papagaio.

Sua figura franzina e aparentemente tímida não evidenciava, à primeira vista, o gigante de coragem que trazia em seu interior. A ausência de arrogância era tão grande quanto sua firmeza e obstinação. Ouvir-lhe os relatos de assassinatos e de ameaças que sofriam ele e seus irmãos trabalhadores rurais, nos deixava perplexos e indignados, especialmente quando o Frei Henri denunciava a cumplicidade dos órgãos judiciários e policiais com os crimes de mando. Frei Henri, doublé de advogado, se tornou um ícone da batalha judiciária contra a impunidade.

Sua luta não foi inútil, pois seu trabalho competente como advogado e defensor das vítimas da violência rural deixou frutos duradouros na medida em que, por um lado, pôs a nu a incapacidade dos órgãos estatais ou a ausência de vontade política destas mesmas instâncias e, por outro lado, fomentou a criação de diversos movimentos e entidades que, ainda hoje, mantêm viva a luta pela reforma agrária.

Os irmãos dominicanos, os defensores dos direitos humanos, os trabalhadores rurais, os advogados populares, todos os que são perseguidos por causa da Justiça - e de quem é o Reino dos Céus - encontram neste livro a narrativa, escrita com rara felicidade, da militância social de Frei Henri Burin des Roziers, simplesmente um homem "Apaixonado pela Justiça", por quem dedicou toda sua vida.

Já não o temos mais pessoalmente conosco na árdua tarefa de obter do judiciário a firme e devida atuação contra os poderosos violadores de direitos, mas suas lições e seu exemplo nos animam e, assim, o Frei Henri continua contribuindo excelentemente para a causa da Justiça.

— **MARCELLO LAVENÈRE MACHADO**
EX-PRESIDENTE NACIONAL DA ORDEM DOS ADVOGADOS DO BRASIL
BRASÍLIA, 25 DE FEVEREIRO DE 2018

Segunda parte

OUTROS ESCRITOS DE FREI HENRI

Cartas aos amigos[161]

*

Conclusão da carta circular a seus amigos da Haute-Savoie, enviada de São Paulo em 1º de fevereiro de 1979, um mês e meio após a sua chegada ao Brasil:

Me mandem notícias de tempos em tempos, isso me deixa extremamente feliz, especialmente porque me parece que todas as lutas que travamos juntos na Haute-Savoie são estranhamente próximas e basicamente relacionadas com as daqui. É obviamente o mesmo adversário, a mesma luta, as mesmas armas, os mesmos meios, a mesma tática e a mesma participação, aqui e lá... Aquele que não entendeu o que é a exploração do homem pelo capitalismo basta que venha aqui, especialmente na parte central e ocidental do Brasil. Isso te pega nas tripas; centenas de milhares de hectares de terras incultas com, dentro, uns poucos rebanhos esparramados, que podem ser vistos de vez em quando depois de dezenas de quilômetros de estradas. Perten-

161 Trechos organizados por Claude Billot. [N.T.]

cem a grandes proprietários, interpostos. Milhões de hectares onde a natureza foi devastada e continua a ser devastada a grande velocidade pela exploração totalmente selvagem da floresta, num corte raso destinado a extrair madeira valiosa (no passado eram as seringas, para a borracha; hoje é o mogno), e depois queimada para deixar crescer o pasto para os bois; e milhões de pessoas no meio disso tudo, no centro dessas propriedades, passam fome porque não têm nem um pedaço de terra. E em tudo isso, a vida do homem não conta; mata-se por um sim ou um não; o matador de aluguel, o "pistoleiro", é uma profissão bem estabelecida... A vantagem é que eu não preciso mais gastar dinheiro para assistir westerns! Aqui é tempo de faroeste!

Bem, agora vou deixar vocês. Amizades para todos, e não esqueçam minha mudança de endereço!

*

Carta enviada de Xinguara aos amigos, quando descobre o Norte do Brasil, a Amazônia, datada em 4 de novembro de 1979:

Há por aqui camponeses que, como consequência das denúncias públicas que foram feitas, agora têm pistoleiros em seus calcanhares, são obrigados a se esconder e suas famílias literalmente passam fome. A situação desse povo é terrível; quando não se morre de fome e se tem um pedacinho de terra, se é perseguido pela polícia, espancado, torturado, ameaçado e morto por pistoleiros contratados. Há camponeses em grande número aqui que já foram despejados de suas terras quatro ou cinco vezes, e já andaram centenas de quilômetros em busca de outras terras: este é o êxodo do povo de Deus. Hoje, é o Evangelho das bem-aventuranças. Neste contexto, no meio deste povo de pobres, perseguidos, lutando pela justiça e pela paz, desarmados, impotentes, sem violência alguma, uma leitura como essa assume uma força extraordinária. Pois a fé desse povo camponês é impressionante pela sua confiança e esperança na promessa de Deus, contra toda evidência, mesmo se essa fé ao mesmo tempo nos questiona pela sua superstição e religiosidade.

O que mais me surpreende é a serenidade desses camponeses em meio a tamanhos sofrimentos e ameaças. Enquanto a morte as rodeia a toda hora, essas pessoas continuam a brincar, rir, cantar, conversar sobre tudo e nada.

E por trás de tudo isso está a obra da monstruosa Besta do Capitalismo Internacional. [...] Para lhes dar uma ideia da vida por aqui: Xinguara não existia até três anos atrás. Aqui era a floresta virgem. Hoje é uma cidade de quinze mil habitantes, cidade de casas de madeira no estilo "faroeste". Aqui é um universo febril de comerciantes de madeira, de serrarias, de multinacionais que desmatam a floresta, tirando sua madeira preciosa. Os caminhões sobrecarregados de madeira estão correndo até os portos situados a alguns milhares de quilômetros de distância para vender a madeira para exportação. O saque do Terceiro Mundo.

*

Carta a Claude Billot, em 2 de dezembro de 1980:

Hoje é o julgamento do caso Wessafic,[162] em Grenoble. Penso no comitê de apoio e em todo esse trabalho de três anos. É um belo exemplo de perseverança. Tudo parecia perdido, sem esperança. E subimos a encosta e criamos um caso exemplar e uma briga coletiva.

Fala-se na França: "2 de dezembro: vitória de Austerlitz". É dia de vitória, e confio que teremos hoje em Grenoble a vitória dos pe-

---

162 Caso abordado no capítulo 3.

queninos, o povo unido dos pequenos contra os tubarões, de Davi contra Golias, da verdade contra a mentira, da justiça contra o crime, da denúncia desse sistema de multinacionais, dessa sociedade de dinheiro e de todas essas aberrações de produção e consumo... enquanto aqui as pessoas morrem de fome, literalmente.

Não sei se vou ter tempo para escrever hoje ao comitê. Ligue para eles e lhes diga o quanto eu estou com eles: ligue para a família Metral, para Joseph Bouvier, para André Tissot, para a família Bunoz, para Roland Miège etc.

*

Carta a Claude Billot, de 24 de novembro de 1981, escrita em Porto Nacional:

Obrigado pela sua última carta. Eu gostaria de lhe enviar uma resposta mais longa e mais pessoal, mas, como você verá através dos documentos anexados, estou com muito trabalho neste momento. Meus "estados de espírito" este ano — você me pede notícias a esse respeito — nem sempre foram bons: meu caráter não é fácil, você bem sabe, e o comportamento dos outros quando percebo que são incoerentes ou falsamente motivados me tira prodigiosamente a paciência. Infelizmente, isso não é raro. E aí tem essa luta contra este mal tão concreto e verdadeiramente apocalíptico, esse animal imundo do capitalismo erguido contra o povo dos pobres, ingênuo, frágil, lutando com as mãos nuas. Quando olhamos com um pouco de recuo, sentimos mais derrota que vitória, mas isso também está no Apocalipse.

Eu, entre nós, graças a tudo isso, acho que dei um certo passo "espiritual", no sentido de ter adentrado um pouco mais profundamente o Mistério da Salvação, o significado e a marcha da História dos Homens de Fé, que contêm a Salvação de Jesus Cristo.

Eu acredito que realmente senti em meu ser e em minha fé que é na vida do "pobre" individual e coletivo, o Povo dos Pobres, em seu ser, em sua História concreta e secreta, em suas lutas, que está o Mistério e o sentido da Existência. Quando, sem exagerar as palavras, nasce, já existe, cresce, exatamente como a pequena semente da Parábola, um Novo Mundo, uma nova vida, que é aquele misterioso "Reino de Deus". O Povo dos Pobres, e realmente toda pessoa pobre, é o Sacramento de Deus.

Por que essa vinculação, na Bíblia toda, entre eles, os Pobres, e Deus? Além das palavras, acho que eu senti um pouquinho isso, existencialmente. Com isso, o restante — os antigos "estados da alma" — vão ficando bem relativizados. Vamos ver! Bem, paro por aqui com meus estados de espírito e minha introspecção.

*

Carta a Claude Billot, de 23 de fevereiro de 1986, escrita de Gurupi:

Ser útil ou não nesta sociedade? Quem sabe? Me parece cada vez mais que o essencial é não se deixar enganar pelas aparências de vida, de comportamento, de militância, e olhar para tudo com um certo distanciamento e uma dose de questionamento. Questionar tudo. Mas eu também tenho que questionar minha vida e meu trabalho. E é isso que estou fazendo nesses dias. Percebi que já se passaram sete anos desde que vivo e trabalho no Brasil, na mesma região do norte de Goiás e neste mesmo trabalho da CPT. E eu percebo que sete anos é um número histórico e sagrado na minha existência. Eu sempre funcionei por estágios de sete anos: estudos profanos, estudos teológicos no Saulchoir, capelão de estudantes, Annecy, Brasil. E eu sinto que está na hora de fazer outra coisa novamente, caso contrário, vou me acostumando, me congelando, assim como meu trabalho nesta região. Outros podem assumir, agora é preciso um sangue novo.

Meu trabalho fica muito em nível de articulação de conflitos de terra, de estratégia, de organização. Mesmo que eu trabalhe e viva, acredito, inteiramente pelas pessoas oprimidas, me sinto muito longe, de certa maneira, da vida das pessoas, das famílias, do seu dia a dia, da personalidade de cada qual. É hora de me aproximar novamente, de me reintegrar, de olhar para a sua vida simples, de cada dia, e de ouvir.

*

Entrevista concedida à revista* IDEC*, edição de 30 de maio de 1990, por ocasião de sua permanência na Guatemala, em 1990, durante um ano sabático:

No Brasil, conheci um povo pobre e oprimido que luta pela justiça. Tive a mesma impressão na Nicarágua, em El Salvador e também em Honduras. Aqui na Guatemala sinto muito profundamente o encontro com um povo pobre, massacrado, mártir e santo. A fé do povo indígena, pelo menos sua expressão, me impressiona e muito me comove.

Talvez no Brasil me faltasse esse misticismo religioso, de fé. A luta pela justiça, e a Mística, ambos são intrinsecamente necessários. Parece que redescobri a inspiração de São Domingos, com maior profundidade, no martírio desse povo indígena e na luta profética de Bartolomeu de las Casas pela defesa deste mesmo povo.

Acampamento João Canuto,
Xinguara, Pará.
Foto: Arquivo CPT

Prêmio Ludovic Trarieux[163]

Sr. presidente da Ordem dos Advogados de Paris,
Sr. presidente do Instituto de Formação para os Direitos Humanos da Ordem dos Advogados de Paris,
Srs. presidentes dos institutos de direitos humanos da Ordem dos Advogados de Bordeaux, de Bruxelas e dos Advogados Europeus,

Foi naturalmente com emoção e com espanto que fiquei sabendo, dia 24 de maio de 2005, através da Dra. Brigitte Azema-Peyret e, em seguida, por meio da carta oficial do presidente do Instituto dos Direitos Humanos dos Advogados Europeus, o Dr. Bertrand Favreau, que o prestigioso Prêmio Internacional de Direitos Humanos Ludovic Trarieux me havia sido concedido.

Emoção e surpresa por causa da natureza prestigiosa do prêmio, cujo primeiro vencedor foi Nelson Mandela. Este prêmio ao qual fui eleito e que recebo hoje.

---

163 Discurso de Frei Henri na cerimônia de entrega do Prêmio Internacional de Direitos Humanos Ludovic Trarieux em Paris, 27 de outubro de 2005.

Emoção também porque eu soube pela Dra. Brigitte Azema-Peyret que, em 2003, este mesmo prêmio fora atribuído postumamente à advogada mexicana Digna Ochoa. Eu conheci Digna Ochoa. Participamos juntos no Brasil, em 1996, de um seminário reunindo religiosas e religiosos dominicanos, membros da Família Dominicana de toda a América Latina, com a presença do então Mestre Geral da Ordem, Frei Timothy Radcliffe, e refletindo sobre o tema "Dominicano e Jurista": como o espaço do Direito, da batalha jurídica, é fundamental para as lutas dos movimentos populares na América Latina, dos camponeses, particularmente, e como a presença dos dominicanos neste espaço atende à Missão da Ordem e à vocação dominicana. Duas grandes figuras dominicanas estimularam nossa reflexão: a do extraordinário profeta, teólogo e jurista Bartolomeu de las Casas, do século XVI, incansável defensor dos índios, fundador — junto com seu contemporâneo e frade dominicano, o grande jurista Vitória — do Direito Internacional, e precursor, pode-se dizer, também com ele e, mais tarde, com Ludovic Trarieux, da Declaração Universal dos Direitos Humanos. A outra figura era a do Padre Bernard Rettenbach, que, depois de servir por muitos anos nos mais altos cargos da Província Dominicana da França, tornou-se advogado, membro da Ordem dos Advogados de Hauts-de-Seine e um especialista do direito da nacionalidade, para defender incansavelmente — junto com o Gisti e em associação com seu ex-estudante e amigo no Centro Saint-Yves, Dr. Régis Waquet —, os direitos ao respeito, à dignidade, ao acolhimento dos trabalhadores migrantes e de suas famílias na França. Uma missão que ele cumpriu até sua morte, no ano passado. Muitos de vocês aqui presentes o conheceram. Muitos, inclusive entre os juízes e advogados da Suprema Corte de Apelação, como o Conselheiro Olivier Guérin e o Advogado-Geral Louis Joinet, aqui presentes, poderiam testemunhar como o Padre Rettenbach nos ajudou a assumir um olhar diferente para com o Homem, o Direito, a Justiça.

Digna Ochoa, naquele tempo uma religiosa dominicana, participou daquele seminário. Ela nos comoveu com seu testemunho de dignidade, coragem e firmeza a serviço dos perseguidos políticos mexicanos, dos indígenas do Movimento Zapatista e seus aliados. Ela já sofria muita ameaça. Foi assassinada em seu escritório na Cidade do México, em 2001. Ela tinha 37 anos.

Receber o mesmo prêmio Ludovic Trarieux que Digna Ochoa me comove profundamente.

Na capa de apresentação deste Prêmio Internacional de Direitos Humanos consta esta frase muito importante de Ludovic Trarieux: "Não se tratava apenas de defender a causa isolada de um homem: por trás desta causa estava o Direito, a Justiça, a Humanidade." Este é o significado deste prestigioso prêmio. O importante não é aquele homem ou aquela mulher, aquele advogado ou aquela advogada que o recebe, mas é a causa que defende, quando essa causa é a do Direito, da Justiça, da Humanidade.

É por essa razão que eu recebo com tranquilidade, simplicidade e — espero — com humildade este prestigioso prêmio.

O importante, hoje, o que é honrado, homenageado, não é a minha causa, é a causa da luta dos pequenos camponeses no Brasil, dos sem-terra, dos trabalhadores rurais escravizados, a causa do combate contra a impunidade daqueles que matam ou mandam matar esses trabalhadores rurais para defender a sua suposta propriedade e seus lucros. Evidentemente, é a causa do Direito, da Justiça e da Humanidade.

É a causa de dezenas de milhares de famílias que acampam, às vezes anos a fio, debaixo de lona preta, na beira de estrada e às margens de imensas propriedades rurais de dez, cinquenta ou cem mil hectares, à espera de uma problemática desapropriação dessas terras pelo governo, uma promessa raramente executada.

Os supostos proprietários, muitas vezes portadores de títulos fraudulentos, enriquecidos com o suor de centenas de milhares de trabalhadores sazonais, enganados, sem pagamento, humilhados, vivendo em miseráveis e perigosas condições de trabalho, de saneamento, de habitação, de alimentação, ameaçados de morte, e mortos se tentarem fugir. Ana de Souza Pinto, da nossa equipe da Comissão Pastoral da Terra, e o frade dominicano Jean Raguénès, também membro da CPT, aqui presentes, são testemunhas diretas disso. O frade dominicano francês Xavier Plassat, da coordenação da Campanha Nacional da Comissão Pastoral da Terra contra o Trabalho Escravo, também.

Este prêmio é um tributo à memória dos 446 trabalhadores rurais assassinados em sua luta pela terra em nosso estado do Pará entre 1986 e 2005, incluindo catorze já neste ano. É uma homenagem à memória daqueles dois advogados da Comissão Pastoral da Terra que conheci e com quem trabalhei, Gabriel Pimenta e Paulo Fonteles, assassinados em 1982 e 1987, respectivamente, crimes ainda impunes. Uma homenagem à memória dos sindicalistas rurais de Rio Maria, João Canuto, seus dois filhos e Expedito Ribeiro de Souza, assassinados em 1985, 1990 e 1991, respectivamente. Condenados depois de anos de processo, seus assassinos estão foragidos. Uma homenagem à memória do padre Josimo Tavares, coordenador das equipes da CPT de nossa região, assassinado em 1986.

Este prêmio é, de forma muito especial, um tributo à irmã Dorothy Stang, missionária americana de 73 anos, assassinada no dia 12 de fevereiro deste ano em nosso estado do Pará.

Este prêmio é um tributo às dezenas de jovens advogados da CPT, do MST, e às centenas de militantes sindicalistas, de movimentos populares, da CPT, que, incondicionalmente, se dedicam à causa dos pequenos camponeses, do direito à terra e a uma vida digna. É também uma homenagem a essas heroicas lideranças dos povos indígenas do Brasil que lutam por seus territórios ancestrais, as reservas indígenas constantemente ameaçadas, invadidas, reduzidas. É uma homenagem a esses 29 ameaçados de morte, hoje, no estado do Pará, homens e mulheres, alguns deles enfrentando riscos bem maiores do que eu.

Esta causa é a causa de um outro modelo de desenvolvimento agrícola para este imenso e rico país, que dispõe de tanta terra: o modelo da agricultura familiar, da agricultura camponesa. O modelo que hoje predomina, o do agronegócio, como é chamado no Brasil, ou *agribusiness*, favorece de maneira selvagem e descontrolada a concentração de terras, a grilagem, particularmente das terras indígenas, a prática do trabalho escravo na grande produção destinada à exportação, como carne de gado e soja. Esse modelo polui e destrói a natureza, a floresta, o campo, os rios e riachos, desmatando anualmente dezenas de milhares de quilômetros quadrados — este ano: mais de vinte mil —, para formar mais e mais imensos pastos em mais e mais imensas propriedades, em função apenas do lucro, não do ser humano, e beneficiando apenas algumas elites. O outro modelo, o da agricultura familiar ou, mais precisamente, o da agricultura camponesa, preconiza a distribuição das terras e, portanto, do emprego, em benefício da população rural local. É um modelo que se preocupa em conter a migração rural para as periferias das cidades, para as favelas, e que visa a abastecer o mercado local, regional e nacional com produtos agrícolas diversificados, naturais e saudáveis, preservando as florestas, os rios e a natureza.

Obrigado, senhores presidentes dos prestigiosos institutos de direitos humanos aqui presentes, por reconhecerem e promoverem essa causa da reforma agrária no Brasil, de uma autêntica reforma agrária que devolva seu valor, sua dignidade, seu direito, sua vida, ao pequeno agricultor e ao trabalhador rural, como também à natureza e à criação.

Neste mundo globalizado em que vivemos a loucura do consumo, neste mundo da injustiça e da desigualdade, da destruição da criação e, consequentemente, da vida, é essencial retomarmos consciência dos valores fundamentais da existência, da diversidade, da solidariedade, da relação com a natureza, de uma outra relação entre Norte e Sul, para podermos embasar a esperança de que um outro mundo é possível, e nos motivarmos a construí-lo.

Neste sentido, sim, a causa que defendem os camponeses do Brasil é a causa do Direito, da Justiça e da Humanidade, essa causa que Ludovic Trarieux tanto prezava.

Reunião com posseiros do
Acampamento Itamarati,
Santa Maria das Barreiras, Pará.
Foto: Arquivo CPT

Meu sonho

9 de outubro de 2014

Eu sonho com a mudança deste modelo de desenvolvimento agrícola baseado no agronegócio e na produção industrial de monocultura para a exportação (soja, gado, cana-de-açúcar). Pois isso provoca a expulsão de pequenos agricultores, a violência contra os trabalhadores rurais, a concentração gigantesca de terras, a migração para a periferia das grandes cidades, a exploração da mão de obra até a forma de trabalho escravo contemporânea, a destruição da natureza e o desastre ecológico.

Quando eu passei por esta região amazonense de Xinguara, no Brasil, pela primeira vez, em 1979, tudo era floresta. Somente existia, por onde quer que fosse, cabanas de madeira e pequenas clareiras que aumentavam dia após dia. As imemoráveis famílias de migrantes vindas de diversas partes, jogadas neste Eldorado, começaram a enriquecer do comércio fácil destas madeiras preciosas, acácias, jatobás, aroeiras. Por toda parte ouvíamos o som das motosserras. A deflorestação tornou-se vertiginosa. Hoje, as florestas se converteram em imensas terras ociosas e pastagens. Lá onde existiam 45 mil hectares de floresta há atualmente um criador de gado com 45 mil hectares de pastagens! O uso de agrotóxicos do agronegócio tornou-se intensivo e polui a vegetação e os rios da região. Na atualidade chegam grandes empresas mineradoras, nacionais e internacionais, que exploram o ferro, o níquel, o ouro e poluem silenciosamente o solo e o subsolo.

Domingo, um motorista de grandes tratores que conheço, de passagem por Xinguara, veio falar e me contar: "Eu trabalho atualmente a trezentos quilômetros daqui, na nova fronteira da floresta amazônica, numa exploração agrícola do Grupo Santa Bárbara (o segundo criador do mundo, que tem quatrocentos mil hectares de terra e quinhentas mil cabeças de gado na região)". Após algum tempo, alguns madeireiros não desmatavam mais por trator, pois os satélites dos serviços do meio ambiente e a proteção das florestas localizam todo tipo de clareiras. Eles utilizam agora agrotóxicos que pulverizam por avião sobre imensas superfícies. As árvores morrem no pé e as fotografias por satélite não mostram nenhum desmatamento, nenhuma clareira.

A senhora Merevin, uma vizinha que nos serve um café na varanda de sua agradável pousada, recorda-se: "Em 2007, uma importante empresa começou a explorar uma grande mina de ferro, a trinta quilômetros, transportando o minério em enormes caminhões-reboque, até 350 quilômetros daqui. Para percorrer o trajeto, eles abriram uma pista justamente em frente a nossas propriedades, onde, dia e noite, passam oitenta destes caminhões, levantando enormes nuvens de poeira. As árvores na beira da rodovia secam, as vacas não dão mais leite, as crianças e os familiares não dormem mais. Após vários acidentes muito graves, as famílias não deixam mais suas crianças irem para a escola."

Tendo esgotado todas as tentativas de acordo, as oitenta famílias decidiram bloquear a estrada. Foram 64 dias esgotadores, mas a empresa cedeu e o acordo foi assinado. Um bom acordo!

Limite de velocidade, construção de quebra-molas, interdição de circular à noite, umedecimento da pista [para não levantar tanta poeira], indenização. A vida recomeçou, a poeira diminuiu muito, o barulho dos caminhões também, as famílias retomaram suas atividades, as crianças dormem novamente e retornaram à escola, as pastagens revigoraram, os animais começaram a engordar de novo, as galinhas põem. Todos decidiram permanecer e continuar sua agricultura familiar, diversificada, ecológica, rentável.

Na comunidade vizinha, M. X., que possui uma pequena exploração familiar com produção diversificada e ecológica, possui como vizinho um grande fazendeiro. Nas últimas semanas, um avião passou várias vezes a uma altura muito baixa, espalhando agrotóxicos sobre as pastagens do fazendeiro. M. X. foi imediatamente adverti-lo que, em caso de vento, os agrotóxicos se espalhariam para sua propriedade. Mas o avião continuou seus voos. O vento chegou e a nuvem de agrotóxicos se espalhou sobre as terras de M. X., danificando os cultivos, trazendo doenças aos animais e às pessoas. Ele mesmo e duas outras pessoas tiveram de ser hospitalizados. Mas, para sua surpresa, o hospital se recusou a fornecer um atestado citando o tipo de agrotóxico do qual eles tinham sido vítimas, admitindo que isso seria perigoso, pois o responsável era rico e poderoso.

Eu sonho que esta terra da Amazônia, assim diversificada e bela, dom precioso de Deus, essa terra que é a vida, nossa vida, nossa mãe, não se transforme num deserto humano nem ecológico.

Eu sonho que cesse essa violência contra os trabalhadores sem-terra que lutam pelo seu direito à terra, e que continuem com sua coragem e com sua esperança.

Às vezes, à noite, uma estrela faz com que nos sintamos menos sozinhos, nos dá a coragem, nos dá novas esperanças, ilumina a chama da esperança. Esperar o quê? Esperar por quem? Há somente noites sem estrelas, nas quais o ser humano não sabe onde ir. Noite da solidão, da doença, do pranto. Noite das injustiças, da violência, do ódio, da fome, da indiferença, do medo. Tantas noites sem estrelas atravessam nossas vidas!

Mas, às vezes, à noite, uma estrela cintilante fascina! Não é esta a noite escolhida por Deus para visitar a humanidade? Não é esta a noite em que Jesus veio viver conosco? Não é esta a noite em que a estrela guiou os reis magos até a manjedoura de Jesus?

Esta é uma das noites de medo que viveram, em 5 de agosto de 2012, oitenta famílias de pequenos agricultores da fazenda Nobel, no sul do estado do Pará, no Brasil. Eles viviam em paz, longe da cidade, sós sobre esta bela terra, dom de Deus, nutriam seus filhos com os frutos de seu trabalho. Quem tem o direito de permanecer sobre esta terra abandonada: eles mesmos ou o proprietário?

Naquele dia, após o meio-dia, quatro policiais armados chegaram, na viatura do proprietário, enquanto as famílias estavam reunidas. Eles se aproximaram, revólver em punho, e gritaram que deviam partir imediatamente, que o juiz havia dado parecer favorável ao proprietário. Eles ameaçaram, injuriaram, humilharam, fizeram todo tipo de pressão.

"Mostre-nos a ordem do juiz", responderam as famílias reunidas; com os braços cruzados, repetiam: "Nós só partiremos com uma ordem judicial." Os policiais eram comprados, pois a sentença ainda não tinha sido proferida. As provocações, as pressões e as ameaças continuaram toda a tarde. A noite caiu. E os policiais, furiosos, partiram em direção à casa do gerente, ameaçando retornar em número maior. As famílias, angustiadas, tremendo de medo, passaram a noite em vigília. As horas passaram. Este barulho, na escuridão, não são eles, não?

É sempre de noite, quando tudo nos parece perdido, que aparece uma estrela, mesmo que seja minúscula. Como a estrela por cima da manjedoura do Menino Jesus.

O céu estava todo estrelado. Onde estava a estrela dessas famílias da fazenda Nobel, uma comunidade pacífica e unida que luta com tal determinação, com tanta coragem, tanta fé, tanta esperança, pelo seu direito sagrado à terra, esta terra que é um dom de Deus para todos, para habitar, trabalhar, alimentar as crianças, viver dela, nela e por ela, preservando a ternura e o amor?

As horas passavam, os olhos estavam vermelhos, os rostos, cansados. Repentinamente, o horizonte iluminou-se, o sol se levantou. No mesmo momento, o comandante da polícia, que havia sido alertado, chegou numa viatura à fazenda. Ele estava acompanhado por dois homens algemados. Os outros, tomados de pânico, haviam fugido.

Lá alto, no céu, uma estrela ainda brilha.

Eu sonho igualmente que as 240 famílias corajosas do acampamento sem-terra, que eles chamaram Frei Henri para me homenagear, possam viver em paz.

Elas sabem que, por razões de saúde, eu tive que retornar para receber tratamento médico na minha terra natal, a França, e pensam que eu não voltarei mais, pode ser mesmo que eu esteja morto. Esses sem-terra, jogados na lama pela mídia, considerados como a ralé pela opinião pública e, às vezes, pelas pessoas das igrejas, pobres de tudo, colocaram o meu nome em seu acampamento, eu, rodeado de privilégios, de conforto e consideração, eu, tão em contradição com o Evangelho de Jesus, eu, seu irmão nas Bem-Aventuranças, como se eu fosse um destes pequenos, um destes preferidos de Deus!

Há homenagem mais bela que essa em minha memória?

Eu sonho que, quando eu morrer, eu seja enterrado no meio deles, no "meu acampamento", e que, ao passarem, as crianças possam dizer: "Este é o túmulo daquele Frei Henri que lutava conosco pelo nosso direito à terra."

Ao retornar ao Brasil, eles insistiram para que eu viesse conhecer esse acampamento, situado a trezentos quilômetros de minha cidade de Xinguara. Viagem difícil, mas quanta acolhida! Que jornada inesquecível, quanta delicadeza, quanta atenção! Eles me contaram sua longa marcha para esta terra abandonada, que eles sabiam pertencer ao Estado. Após ter andado mais de dez quilômetros, eles se defrontaram com uma barreira de fazendeiros e seus capangas, armados, que atiraram contra eles. Tiveram que acampar lá, e só no dia seguinte, quando a polícia chegou, puderam ocupar esta terra de quatrocentos hectares. Três anos depois, já é uma pequena cidade onde eles construíram uma escola de barro, uma grande sala de reuniões, uma bonita igreja.

Mas em 5 de outubro de 2012 os fazendeiros voltaram, tendo cercado o acampamento com seus veículos e trincheiras, e, à noite, eles atiraram balas reais, semeando um clima de terror. Logo a polícia permaneceu durante o dia, mas se retirou à noite e, à noite, os fazendeiros voltavam e atiravam, pensando que as famílias, aterrorizadas, partiriam. Eles permaneceram e, alguns dias depois, a decisão do juiz chegou, dando razão aos sem-terra. No entanto, os fazendeiros e seus homens armados ainda estão lá, intimidantes.

Eu sonho que os trabalhadores rurais que sofrem nas grandes explorações madeireiras, desmatando e clareando, perdidos no meio da floresta amazônica, sejam tratados como seres humanos e não como escravos, como era o caso do jovem Sebastião e seus companheiros.

Sentados à frente de suas casas, lá estavam eles na sua pobre cidadezinha do estado do Piauí, sem emprego, os filhos passando fome. Chega então um caminhão com alto-falante, chamando o pessoal para ir trabalhar para uma firma no estado do Pará. O “gato” promete bons salários, alimentação, alojamento.

Iludidos, sem outra opção, embarcam no caminhão. São dois dias de uma viagem cansativa, no calor, na poeira, quase sem comer.

Agora chegaram. Junto com muitos outros trabalhadores, migrantes oriundos de todas as regiões do Brasil, perdidos no meio da mata, debaixo de uma lona, sem receber salário, sem dinheiro, bebendo a água suja de um córrego onde pisa o gado, comendo carne de vaca que caiu doente, trabalhando o dia inteiro, desde o amanhecer até o anoitecer, no calor, derrubando árvores, roçando juquira, e vigiados por homens armados.

Há três meses que sobrevivem nessa escravidão. Nesta noite, deitados na rede, cansados, mais uma vez eles olham, pelos buracos da lona, o céu estrelado. Onde está sua estrela? Pois é, cada um tem uma estrela! Onde está a estrela do menino, seu companheiro de 17 anos que, por ser menos vigiado, conseguiu fugir para tentar alertar as autoridades? Saiu de noite com um dinheirinho e o frito que conseguiram arrumar para ele. Onde está? Será que está vivo? Que conseguiu escapar dos pistoleiros que foram atrás dele no dia seguinte?

A noite se afastou, surgiu a aurora, amanheceu, o sol se levantou. Já no serviço, dentro da mata, desmatando, ouviram um ruído de motores. De repente apareceram no fundo da trilha três camionetes 4×4, solavancando. Chegaram. Policiais federais pularam fora, armas em punho. Saíram também vários fiscais do Ministério do Trabalho, procurador, delegado da Polícia Federal.

Livres! Estão livres!

No banco traseiro da camionete, encapuzado, escondido, há um rapaz, tremendo de medo. É o menino, o Sebastião! Foi ele que alertou as autoridades e lhes ensinou o caminho tão difícil para chegar até aqui!

Sebastião tinha caminhado a noite inteira na mata, cercado pelos ruídos da floresta, com medo das cobras, das onças, dos jacarés, bebendo a água dos córregos, se orientando com a estrela do Cruzeiro do Sul, como lhe tinham ensinado seus companheiros mais velhos. Seguindo-a sempre, ele não podia se perder e cruzaria, com certeza, mais cedo ou mais tarde, uma estrada.

Não foi uma estrela o que levou os Reis Magos, de noite, até a manjedoura do Menino Jesus?

O jovem Sebastião seguia também sua estrela, com confiança. Às vezes a perdia na escuridão total da mata fechada, mas a encontrava de novo logo, em uma clareira, todo alegre! Andou muito, muito. Tropeçava, vacilava, caía. Ficava um pouco deitado nas folhas do chão. Olhava para o céu. Sentia-se tão pequeno na imensidão dessas miríades de estrelas do firmamento, tão perdido nessa mata sem fim, tão frágil.

Mas o Menino Jesus não era uma coisinha muito pequeninha, muito frágil naquela noite de Natal, na manjedoura? Não é na fraqueza do ser humano, da nossa vida, que a força do Amor de Deus se manifesta?

Sebastião comia um pouco do frito dos companheiros que tanto esperavam dele. Retomava força. Buscava sua estrela no firmamento, se levantava e caminhava de novo.

Amanheceu, o sol apareceu. Chegou a uma estrada de chão. Para onde ir? Para a esquerda, para a direita? Esperou, esperou! Chegou um velho caminhão. Parou, entrou na cabina perto do motorista. Andaram e, depois de um bom tempo de silêncio, o motorista parou, olhou para o menino e perguntou: "Você fugiu de uma fazenda?" Tremendo-se de medo, respondeu: "Sim." "Então, vá atrás, na carroceria, e se esconda debaixo da lona e da mercadoria, bem escondido, porque na estrada, um pouco mais à frente, tem um grupo de homens armados que param e vistoriam os veículos." Sebastião se escondeu e o caminhão foi embora.

Alguns quilômetros depois, homens armados pararam o caminhão, olharam na cabina, falaram com o motorista e o deixaram ir embora. Mais tarde, o motorista chamou Sebastião de volta para a cabina. Andaram a tarde inteira e chegaram à noite em uma cidade, Tucumã. O motorista deixou Sebastião no Sindicato dos Trabalhadores Rurais. Lá fizeram contato com a CPT, que articulou com as autoridades a libertação dos 150 trabalhadores que estavam na mata, escravizados.

Já era de noite, a estrela que tinha guiado Sebastião brilhava no céu. Era a mesma estrela, a que tinha levado os Reis Magos até o presépio do Menino Jesus, aquele que veio para libertar os oprimidos e anunciar o Reino do Amor, da Justiça, da Solidariedade e da Paz.

Eu sonho que cesse o culto ao bezerro de ouro.

Assistindo ao espetáculo da Cavalgada de abertura da Feira Agropecuária de Xinguara, em 18 de setembro, fiquei maravilhado pelo aspecto grandioso desse desfile: os inumeráveis cavalos todos ornamentados, com seus cavaleiros e amazonas, as carruagens, as velhas charretes puxadas por bois possantes... e mesmo uma imagem de Nossa Senhora Aparecida, desfilando com um homem que a carregava. Eu olhei a apresentação de diferentes fazendas, e particularmente aquelas do grupo Quagliato.

Em primeiro lugar, passou a fazenda Rio Vermelho, muito impressionante, com um número importante de animais, e, liderando, uma grande faixa parabenizando a população de Xinguara. Nesse momento, eu me lembrei que 2.080 hectares dessa propriedade não lhe pertencem, são terras públicas, propriedade da União, que Quagliato indevidamente se apropriou. Eu me lembrei também que Rio Vermelho foi classificada pelos serviços oficiais competentes como não cumprindo a sua função social, como exige a Constituição, pois ela possui 11 mil hectares em áreas limpas e de desmatamento ilegal. De resto, como esquecer as inumeráveis denúncias de prática de trabalho escravo nessa fazenda, feitas a partir de 1980?

A seguir, um desfile da fazenda Brasil Verde, igualmente muito bonita, com seus animais ornamentados, avançando após um grande estandarte que trazia escrito: "Parabéns, do Sindicato dos Grandes Fazendeiros". Neste momento, me veio à memória que esta fazenda também foi objeto de denúncias por prática de trabalho escravo, que são a origem do processo em curso na Comissão Interamericana dos Direitos Humanos, no seio da Organização dos Estados Americanos.

Logo a seguir, havia as fazendas Colorado e São Sebastião. Como não recordar que Colorado foi denunciada por prática de trabalho escravo? Do mesmo modo que as fazendas Rio Vermelho e Brasil Verde, seu nome já foi mencionado na "lista suja" do Ministério do Trabalho.

Por último passou a fazenda Santa Rosa, com um impressionante e belo cortejo, que me fez lembrar que, como Rio Vermelho, este ano, foi classificada como improdutiva por não cumprir a sua função social.

Diante de todas essas constatações, eu me perguntei: que devoção poderia ser feita a Nossa Senhora Aparecida? O grupo Quagliato é riquíssimo, proprietário de fazendas nos estados de Pará, Goiás, São Paulo, mas de onde vem essa riqueza? A história dessa riqueza não seria ela mesma edificada com o suor e as lágrimas do povo? Esse enriquecimento é realmente justo? Todos esses homens, membros do sindicato dos grandes fazendeiros, acreditam eles que este enriquecimento injusto, segundo o Evangelho, pode continuar? O gado nestas regiões não se tornou um ídolo como o bezerro de ouro [conforme narrado] no Livro do Êxodo (Ex 32, 1-8)?

No dia dessa grande festa, onde o centro era o gado, assim como a riqueza que ele produzia para aqueles [fazendeiros], o Evangelho do domingo nos conta a parábola de Jesus relativa à "riqueza injusta", que, por medida de prudência, seria preferível repartir (Lc 16,9).

Na comunidade de Santana do Araguaia, há uma grande escultura da Bíblia e, na frente dela, a alguns metros, há uma imensa estátua de um bezerro. O que escolher: o bezerro de ouro ou a Palavra de Deus? O Livro do Êxodo conta que o povo de Deus, em sua peregrinação para a terra prometida, se revolta contra esse Deus que o havia tirado da escravidão do Egito, porque sua lei, diferente daquela dos homens, era muito dura e, à causa dela, eles vieram a adorar o bezerro de ouro.

Eu sonho que o bezerro de ouro não se torne mais, nesta região, o deus de muitos.

Eu sonho com Igrejas inspiradas pelo Espírito, fiéis ao Evangelho de Jesus de Nazaré, livres face às forças do poder do dinheiro, a serviço dos pobres, corajosas, não tendo medo de denunciar as injustiças que vêm das autoridades civis ou religiosas; Igrejas que não procurem honrarias e glória, que não sejam triunfalistas, que procurem a verdade e não a imponham.

Eu sonho com uma Igreja católica democrática, colegiada, comunitária, participativa, fiel ao espírito do Concílio Vaticano II. Eu sonho com Igrejas abertas a tudo aquilo que é bom na humanidade, no mundo, nas pessoas. Eu sonho com Igrejas percebidas e reconhecidas graças a seu testemunho de humanidade, na fidelidade ao Deus da vida e da libertação.

Eu sonho com um país de um povo sem discriminação, onde todos os indígenas, negros, mulheres, homossexuais sejam reconhecidos como seres humanos, cidadãos iguais aos outros, dignos do mesmo respeito.

Eu sonho que a reforma agrária se faça mediante uma justa distribuição das terras e que se desenvolva a agricultura familiar, ecológica e sustentável.

Eu sonho com não ver mais na beira da estrada, entre a estrada e a cerca de arame farpado do suposto proprietário, parados sobre um espaço de trinta metros de largura, numa distância de centenas de metros, por vezes quilômetros, centenas de famílias sob barracas de palha, esperando um lote de terra, enquanto do outro lado da cerca, que eles não podem ultrapassar, sob a pena de serem recebidos a bala, se estendem milhares de hectares de mato.

Eu sonho que a terra seja considerada não somente em sua dimensão econômica de produção alimentar, mas também em sua dimensão antropológica, cultural, social, levando em consideração as tradições ancestrais de inúmeras populações da África e da América Latina, para as quais a terra faz parte de seu ser, de sua existência, de sua história, de sua religião, de sua vida.

Eu sonho que o êxodo rural provocado pelo agronegócio não transforme definitivamente nossas cidades em imensas favelas, cortiços de desumanização e de droga, de prostituição, de violência.

Eu sonho que a força econômica e financeira do agronegócio não substitua o poder do Estado, o poder dos Estados, como já acontece em algumas partes do Brasil.

Eu sonho que os bens da natureza, terra, florestas, biodiversidade, córregos, rios, água, cessem de se transformar em mercadorias e sejam considerados como bens da comunidade universal, como patrimônio da humanidade.

Eu sonho que a força cega do agronegócio e de seus agrotóxicos, em nome do lucro a todo custo, seja realmente percebida, reconhecida e neutralizada antes que provoque uma tragédia humana.

Eu sonho com a beleza da natureza, com a beleza da diversidade, com o ar puro, com a água cristalina, com o alimento saudável, com crianças cheias de alegria, de saúde física e mental, com cidades boas de se viver.

Mas eu sonho com os dois milhões de seres humanos que morrem de fome, com os milhões de crianças de rua que são assassinadas a cada dia, com as milhares de famílias que são cotidianamente expulsas de suas casas e de suas terras.

Frei Henri, inspirador da Campanha
"De Olho Aberto para não Virar Escravo".
Foto: Arquivo CPT

Terceira parte

IN MEMORIAM

Frei Henri morreu

Morre Frei Henri: o cristianismo que liberta ficou menor no Brasil

Leonardo Sakamoto

Blog do Sakamoto, 26 de novembro de 2017

Frei Henri des Roziers faleceu, na tarde deste domingo (26), na mesma Paris em que nasceu há 87 anos. Advogado de formação e dominicano por vocação, tornou-se um dos maiores defensores dos direitos dos trabalhadores rurais e camponeses na região de fronteira agrícola da Amazônia brasileira.

Esse homem magro, de fala mansa e andar compassado, tornou-se referência no acolhimento de vítimas do combate ao trabalho escravo e na denúncia desse crime à Justiça e ao mundo. Mas também se tornou um dos principais atores na luta pela reforma agrária, contra a impunidade dos ricos detentores de terras e pelo fim das arbitrariedades policiais.

O falecimento de Henri por causas naturais, e não provocada por algum dos muitos que queriam sua morte, foi uma vitória, apesar de trazer um vazio a todos seus amigos — grupo ao qual, orgulhosamente, me incluo. Pois nenhuma das várias ameaças que recebeu e nenhuma das tentativas de assassinato que sofreu conseguiram impedir seu trabalho.

Ou seja, o fato de Henri ter deixado a vida devido ao agravamento de seu estado de saúde (ele havia sofrido acidentes vasculares cerebrais e tinha uma miopatia congênita, que paralisava seus músculos) é uma humilhante derrota para o rosário de grileiros, madeireiros ilegais, escravagistas e latifundiários inescrupulosos do Pará e do Tocantins que planejaram seu fim.

Mas, ao mesmo tempo, não pode ser visto como uma vitória de nossa frágil democracia. Porque ele sobreviveu apesar da incompetência do Estado brasileiro em garantir a vida aos defensores de direitos humanos em uma região regada periodicamente com sangue. [...]

Henri, descendente de uma nobre família francesa que escolheu lutar ao lado do povo, incomodou muita gente. E fez com que a Amazônia fosse um lugar menos injusto para se viver. [...]

"Cheguei ao Brasil no fim de 1978. Em 1979, vim para cá acompanhando um agente pastoral ao Bico do Papagaio [norte do atual estado do Tocantins]. É terra sem lei. Os posseiros totalmente oprimidos, pequenos, não tinham uma organização mínima. Queriam minha expulsão do país."

Durante anos, Henri foi a única assessoria jurídica dos trabalhadores nessa região. A violência na região tem uma origem histórica. Durante a ditadura militar, o governo federal concedeu uma série de subsídios financeiros a empresas para que se instalassem na Amazônia, garantindo também infraestrutura e segurança aos seus empreendimentos. Isso foi feito sem a ordenação da divisão das terras ou a instalação de serviços essenciais que garantissem os mesmos direitos de ocupação para pequenos colonos e posseiros. Com isso, a Amazônia tornou-se uma região livre para grandes empreendimentos, grandes fazendas e seus interesses, onde o poder econômico faz a lei. Entre 1971 e 2006, foram registrados no Estado do Pará 814 assassinatos no campo, dos quais a grande maioria permaneceu sem apuração. [...]

A Teologia da Libertação, linha da igreja católica que acredita que a alma só será livre se o corpo também for, tem sido uma pedra no sapato de quem lucra com a exploração do seu semelhante na periferia do mundo. Na prática, esses religiosos católicos realizam a fé que muitos não querem ver retirada do livro sagrado do cristianismo.

Para traduzir, nada como uma citação atribuída ao já falecido Hélder Câmara, arcebispo de Olinda e Recife, que lutou contra a ditadura e esteve sempre ao lado dos mais pobres: "Se falo dos famintos, todos me chamam de cristão, mas, se falo das causas da fome, me chamam de comunista."

Henri recebeu a condecoração de cavalheiro da Legião de Honra, do governo francês, em 1994, um dos tantos prêmios que recebeu. Após um dos AVCs que sofreu, foi transferido, a contragosto, para um hospital particular em São Paulo. Lembro do seu incômodo por estar lá. Achava que estava sendo mimado. Queria estar no mesmo hospital usado pela população com a qual convivia diariamente. Não por populismo ou a fim de provar algo para ninguém, ele não precisava. Mas porque sentia que aquele não era seu lugar.

Em 2013, profundamente debilitado pela doença, Henri voltou para sua terra natal e permaneceu no convento de Saint-Jacques até sua morte.

Frei Xavier Plassat, francês como Henri, coordena a campanha nacional da CPT para o combate ao trabalho escravo e está há décadas no Brasil. Foi ele quem me trouxe a notícia de sua morte.

Desabafou: "Henri tinha como mestre Bartolomeu de las Casas, dominicano e defensor dos indígenas escravizados, que viveu no século XVI. Tinha dele a paixão irredutível, incansável, eficaz. Paixão e compaixão. Uma pessoa que sabia chorar de indignação e denunciar os potentados, sem medo. Dele, é o Deus do canto do *Magnificat*: 'Derrubou do trono os poderosos e exaltou os humildes. Saciou de bens os indigentes e despediu de mãos vazias os ricos.' Henri foi quem me conduziu aqui no Brasil. Grato para sempre, Henri, meu irmão." [...]

Uma pessoa assim não morre. Eu, que não tenho a mesma fé de Henri, acredito que ele sim atingiu a imortalidade. Viverá para sempre como um dos capítulos mais bonitos da história brasileira.

Celebração no Acampamento João Canuto, Xinguara, Pará.
Foto: Arquivo CPT

Frei Henri, um Las Casas de nossos dias

Coordenação da Comissão Dominicana de Justiça e Paz do Brasil
26 de novembro de 2017

Recebemos hoje, com pesar, a notícia da morte de Frei Henri des Roziers, frade dominicano que trabalhou quase quarenta anos no combate ao trabalho escravo, na luta pela reforma agrária e pelos direitos humanos no Brasil.

Henri morreu em Paris, no convento onde passou os últimos quatro anos de sua vida, com saúde frágil, uma atenção plena e uma alegria invejável. Fonte de inspiração de uma grande quantidade de pessoas, Henri reuniu ao seu lado uma centena de gente que conspira e se inspira conjuntamente, que se encontra em torno da vida desse homem que fez de seus atos individuais gestos coletivos de luta e de resistência. Sua vida foi, sempre, uma vida política. E esse foi o convite que ele dirigiu a todos e todas. E, para isso, mostrava o caminho que ele mesmo seguira: as grandes utopias da liberdade, a radical experiência da fé encarnada vivida por pessoas como Antonio de Montesinos e, principalmente, Bartolomeu de las Casas, cuja inspiração Henri encarnou vivamente ao longo da vida: "Eu tentei viver como ele", confessara nas páginas finais do livro biográfico *Comme une rage de Justice*, publicado na França em 2016.

Henri era membro da Comissão Dominicana de Justiça e Paz do Brasil. Mais do que isso: foi um dos seus idealizadores. Entre nós, ele insistia na importância da estratégia e da articulação. Foi, por isso, um construtor de pontes, cujo cimento era a esperança na luta pela justiça. Nessa tarefa, uniu mundos aparentemente incomunicáveis. Ele fez o estudante francês da Sorbonne no Maio de 1968 se encontrar com o sem-terra do sul do Pará; ele fez com que os jovens *katangais* compartilhassem seus destinos com os jovens vítimas do trabalho escravo da Amazônia; que advogados da Haute-Savoie servissem de exemplo para os advogados do norte do Brasil; que os frades franceses se enxergassem em Tito de Alencar e nos jovens frades brasileiros que lutavam contra a ditadura; que o humanismo cristão se encontrasse com a Teologia da Libertação; que Congar, Chenu e o cardeal Arns sentassem à mesma mesa; que o Centro Saint-Yves e a CPT se reconhecessem reciprocamente; que a autoridade jurídica do advogado se unisse, afinal, à autoridade moral do religioso; que o direito se encontrasse, afinal, com os pobres. Assim, Henri viveu sua vocação ao extremo e deu sentido à sua vida como poucos conseguiram. À sua cepa pertence gente como Tito de Alencar, Tomás Balduíno, Lília Azevedo e Irmã Revy, entre outros irmãos e irmãs que se inspiraram mutuamente.

Foi com palavras embrulhadas por um sotaque francês e com roupas rotas que ele frequentou tribunais para defender as gentes sem defesa contra a impunidade. Advogado das causas da terra, ele conhecia de perto as vítimas e suas dores. Fez disso sua estratégia de luta e nunca esmoreceu diante das muitas ameaças que sofrera. Ao contrário, toda vez que seu nome aparecia nas listas dos marcados para morrer, a luz dos seus olhos pequenos brilhava com mais força. E era essa fonte de luz que animava quem estava a seu lado.

Henri morreu no quarto do Convento Saint-Jacques, onde está a famosa biblioteca do Saulchoir (visitada por Foucault e tantos outros) em Paris, diante da janela, por onde se esparramava uma árvore frondosa, cujas folhas douradas ele não cansava de contemplar e que vinham suavemente morrer contra a vidraça do quarto. Aquela árvore outonal prenunciara o destino do homem que, no outono da vida, murchava como as folhas. Mas, como elas, também declinava com beleza, tornando-se fertilizante de outras vidas.

Como aquela árvore, a vida de Henri se prolongou em seus adubos. A quem fica, restam outras estações, vitalidades e declínios. Para homenageá-lo, continuaremos contemplando as árvores, atentos às estações, cuidando do tempo que é nosso. Embora uma parte de nós tenha morrido com Henri hoje, uma outra com ele se rejuvenesce. Em silêncio, olhos marejados, colheremos os frutos e as boas sementes do mundo que há de vir. Henri estará conosco.

Aquela árvore foi sua última lição.

Curionópolis, 23 de agosto de 2011:
na PA-275, famílias sem-terra protestam
por escola para 130 crianças do
acampamento Frei Henri des Roziers.
Foto: MST

Despedida

Carta do MST do Pará, 26 de novembro de 2017

Querido Frei Henri,
Nestes dias de tumulto generalizado, de luta e resistência do nosso povo sem-terra para não ser despejado, termos recebido na tarde de hoje a notícia de sua morte nos deixou momentaneamente entristecidos e sem chão.

Logo nós, Henri, ficarmos sem chão?! Nós, que tanto defendemos e aspiramos conquistar a terra!

Agora lemos as inúmeras notícias de reconhecimento de sua vasta trajetória, marcada pela luta incansável e intransigente em defesa dos pobres camponeses da fronteira amazônica que viviam e seguem vivendo uma dura realidade de perda de terra, de submissão ao trabalho escravo, de perseguições e de assassinatos.

Sua relação com os sem-terra do MST do Pará merece um capítulo à parte. Neste momento, estamos dispersos, cumprindo as mais distintas tarefas de organização dos trabalhadores, e, por essa razão, impedidos de nos abraçarmos e chorarmos juntos a sua perda.

Mas isso não nos impede de buscar a memória coletiva das histórias da nossa relação: das ocupações de terras assistidas por você, que nos ajudou a livrar pessoas das garras da polícia, que livrou a nossa Izabel de uma prisão no que hoje é o acampamento Dalcídio Jurandir, e mesmo aquela que não conseguiu evitar, como a prisão do companheiro Tim Maia: mesmo assim, você estava lá, presente, exigindo cuidados e respeito a um militante do povo.

Seu dom de nos escutar, aconselhar e respeitar nossas decisões, você foi um dos que melhor compreendeu o sentido da autonomia do MST, sempre afirmava que estaria conosco, apoiando as nossas ações. Como não lembrar da ocupação do que hoje é o assentamento João Canuto, em Xinguara, no sul do Pará?

Ali todos diziam que estávamos errados e que seria "suicídio" fazer aquela ocupação, e você sempre tão carinhoso com os "meninos e meninas do MST" — era assim como nos chamava —, dizia: estarei lá com vocês! Aí pensávamos: "Se Frei Henri está com a gente, com toda essa bagagem, por que haveríamos de desistir dos nossos planos?".

Sua presença cativante e resistente em nossas atividades públicas, como a que realizamos no dia 17 de abril na curva do S. Estava certo, a estrada só poderia ser bloqueada quando o Frei Henri passasse, porque para nós era uma grande alegria encontrá-lo sorrindo e rejuvenescido, tocando nossos rostos, perguntando como estávamos e, quando de pronto não encontrava algumas pessoas, não hesitava em perguntar: cadê o menino Charles, a menina Maria Raimunda, a menina Isabel, o menino Ivagno, o menino Tim Maia e todos os outros meninos e meninas do MST? Nos últimos períodos, a pergunta pelos meninos e meninas foram "substituídas" pela "como está o 'meu' acampamento Frei Henri?"

Foi sua trajetória de vida e nossa relação construída no campo da luta e da resistência que nos fez tomar uma decisão importante, reconhecer e homenagear ainda em vida uma pessoa, dando o nome a nossa escola de formação de base e do nosso acampamento de "Frei Henri De Roisiers". E hoje, no momento que nossos corações pesam, temos a mais profunda convicção que aquela decisão de sete anos atrás foi acertada! As recordações e o acampamento Frei Henri farão que nos aproximemos ainda mais e, mais do que isso, será o símbolo do feliz dia em que as vidas dos sem-terra do MST se cruzaram com a vida do grande lutador Frei Henri des Roziers!

Vá em paz, querido Henri, que aqui seguiremos inspirados em seu testemunho de amor e fé para ver a terra e os homens e as mulheres verdadeiramente livres e felizes!

Saudades sempre!

Acampamento na fazenda Inajaporã, em Santa Maria das Barreiras, 2004.
Foto: João Laet

A morte de um grande lutador

Jérôme Cordelier

Le Point, 29 de novembro de 2017

Só haverá algumas menções na mídia — com exceção da imprensa católica. No entanto, foi uma lenda da Ordem Dominicana e um grande lutador que morreu aos 87 anos no domingo 26 de novembro, no convento de Saint-Jacques, no coração de Paris, onde veio se refugiar três anos atrás, depois de uma longa vida de luta, especialmente junto aos "sem-terra" no Brasil. O Frei Henri Burin des Roziers inscreveu seu compromisso numa Ordem nascida no século XIII (em Toulouse) com longa tradição "missionária" — mesmo se, como veremos mais adiante, ele recusava este rótulo. Tradição encarnada desde o século XVI pelo padre Antonio de Montesinos em Santo Domingo. Defensor dos ameríndios escravizados pelos grandes detentores de terra, ele é o autor, em 1511, de um sermão famoso que, por sua vez, colocará no caminho Bartolomeu de las Casas, o qual se tornará o incansável defensor dos índios diante da Corte da Espanha.

Ameaças — É seguindo esta linha que Henri Burin des Roziers, no século XX, se envolveu com os "sem-terra" no Brasil, particularmente na Amazônia, no estado do Pará, no noroeste do país. Durante trinta e três anos, "Frei Henri" teimou na defesa dos chamados "peões", essas dezenas de milhares de trabalhadores agrícolas sem qualificação que são explorados como escravos por proprietários sem escrúpulos. Ele lutou para proteger os quatro milhões de camponeses pobres expulsos com violência de suas terras por 45 mil grandes proprietários, os "fazendeiros", que representavam apenas 1% da população e possuíam quase metade do território. Para isso, sua cabeça foi posta a prêmio e, no início dos anos 2000, no Brasil, o religioso, já velho, ficava sob a proteção constante de dois guarda-costas que se revezavam, dia e noite, ao seu lado. Uma freira americana, Dorothy Stang, foi assassinada por dois pistoleiros em 2005. Mas o homem de Deus não se deixava impressionar. "Oh, outros estão bem mais ameaçados do que eu, sabe?", retrucava ele, sem perder nunca essa sua voz suave e seu rosto manso.

Uma felicidade de homem — Essa serenidade, combinada com uma vivacidade de espírito e uma tranquila intransigência, este homem as guardou intactas até o fim, como pude constatar em abril passado, quando fui ao convento Saint-Jacques colher seu testemunho sobre sua vida e sua ação, em relação a um livro que retrata — em particular — a grande história dos dominicanos do século XIII até hoje (*Au nom de Dieu et des hommes* [Em nome de Deus e dos homens], Paris: Editions Fayard, 2017). O guerreiro estava pregado numa cama em um quarto exíguo. "Minhas pernas não me carregam mais, meu braço direito está paralisado", ele confessou. Condenado à imobilidade, este lutador sempre em movimento parecia cansado, mas demonstrava uma incrível agilidade mental. Nenhuma queixa, pouca amargura, uma discussão leve, uma disponibilidade rara... A gente estava diante de uma "felicidade de homem" a quem eu teria tido o maior gosto de poder continuar, por dias, ouvindo, de olhar para ele, de sondar seu rosto radiante... "Eu tenho uma natureza alegre, nunca conheci a depressão. Vejo pela janela os botões que brotam nesta árvore e isso é muito bonito", assegurava Frei Henri.

Mas bastava a mera evocação de suas lutas contra a injustiça para seus olhos brilharem com paixão, seu punho se apertar... Até o último suspiro, se tivesse tido a faculdade física, este homem teria se erguido, não há dúvida, junto aos migrantes, "esses homens, essas mulheres, essas crianças que são perseguidas em seu país por sua etnia, sua nacionalidade, sua opção política, que estão morrendo de fome, que são rejeitados em todos os lugares, que se escondem debaixo de caminhões para poder chegar à Inglaterra ou que se afogam no Mediterrâneo em barcos improvisados", dizia, irado. Mesmo imobilizado, Henri Burin des Roziers mantinha o vigor do sacerdote e do advogado, para quem a vida representou uma longa luta contra a injustiça.

De todas as lutas sociais — Ele, filho da grande burguesia, havia abandonado uma existência confortável para defender os mais fracos. "Fiquei muito impressionado com a Segunda Guerra Mundial, com toda a miséria e o sofrimento que ela gerou", confidenciava o homem nascido em Paris em 1930. "Mas, durante esses anos da ocupação [alemã], o que me marcou também foi o compromisso assumido por muitos membros da minha família." O pai de Henri Burin des Roziers foi preso e seus dois tios foram grandes figuras da Resistência: Claude, almirante nas Forças Francesas Livres, e Étienne, próximo a Charles de Gaulle, do qual foi o secretário-geral, no [palácio presidencial] do Eliseu. No final da guerra, o jovem Henri se envolve em uma equipe das Conferências Vicentinas. "Ainda me lembro daquela visita a uma família, com nove crianças, que morava em uma casinha minúscula, com o parco salário do pai, um operário da Snecma", contava o dominicano. Entre 1954 e 1956, durante seu serviço militar, nosso homem é confrontado aos dramas coloniais na Tunísia, no Marrocos e na Argélia. Em 1968, capelão do Centro Saint-Yves, próximo aos deserdados, ele vivenciou a revolta de maio como "um belo sonho, bíblico, evangélico". O dominicano, aristocrata e bom aluno, depois de estudar em *hipokhagne* e *khagne* [anos de preparação aos estudos de Letras], e passar duas licenças (Letras e Direito), parte de Paris e vai compartilhar o trabalho na fábrica, ao lado de trabalhadores estrangeiros, principalmente árabes. Jurista, ele leva a disputa aos tribunais e defende "a miséria dos excluídos da sociedade". A luta dos [trabalhadores de] Lip, o Terceiro Mundo, as violências da polícia, os trabalhadores pobres... Henri é de todas as lutas sociais da França dos anos 1970, ao lado de outro dominicano cujo compromisso permanece na memória de muitos: Jean Raguénès. "Queríamos viver no meio das pessoas, compartilhar, ouvir, sentir a vida dos trabalhadores", lembrava Frei Henri.

Eu nunca tentei converter. Eu queria apenas uma coisa: lutar contra as injustiças — Sua vida dominicana começou com um encontro na Universidade de Cambridge na década de 1950 com o teólogo Yves Congar, banido pelo papa Pio XII por ter exigido um *aggiornamento* da Igreja Católica — ele se tornaria mais tarde um dos peritos consultados pelo Concílio Vaticano II e seria nomeado cardeal por João Paulo II. A descoberta, mais tarde, no Brasil, de Bartolomeu de las Casas levou Frei Henri a se sentir plenamente frade pregador. "Las Casas conseguiu mudar a lei, mas quantas vezes não se desesperou? Devemos acreditar que as coisas mudam pouco a pouco e que damos tão somente pequenos passos, pontapés iniciais..."

Em abril passado, à noite de uma vida bem cheia — "Eu não sou descontente com o que fiz", confidenciava num sorriso. Quando lhe perguntavam se ele se enxergava como um lutador, Frei Henri retrucava imediatamente, com seu olhar reto, seu gesto firme: "Eu sou um militante. Esse termo é o que se usa para definir o tipo de ação que era a minha." O religioso nos disse que detestava ser chamado de missionário. "Eu nunca tentei converter", dizia Frei Henri Burin des Roziers. "Eu quis apenas uma coisa: lutar contra as injustiças. Tudo o que fiz na minha vida foi apenas para esse propósito." No Brasil, entre os "sem-terra", sua sucessão já está garantida há anos por um outro dominicano francês de choque, Frei Xavier Plassat.

Frei Henri vive!

Contemplar a árvore todo dia: exemplo de realização e libertação total

Felício Pontes, procurador da República em Belém

Revista Família Cristã, dezembro de 2015[164]

A região do Bico do Papagaio ficou conhecida nas décadas de 1980 e 1990 como uma das mais violentas do País. Está situada na Amazônia, onde hoje está a divisa dos estados do Pará, Tocantins e Maranhão. Era a região do trabalho escravo, dos assassinatos dos trabalhadores rurais, da grilagem de terra, do desmatamento desenfreado e da Guerrilha do Araguaia.

Tudo começou durante a ditadura militar, nos anos 1970. Com o trauma da guerrilha, o governo militar resolveu estimular o que acreditava ser o "desenvolvimento" da região. Levou para lá empresários do Sul e Sudeste, abrindo o cofre de três financiadores públicos — Banco do Brasil, Banco da Amazônia e

164 Republicado pela *Rede Eclesial Pan-Amazônica* em 26 de novembro de 2017.

Superintendência do Desenvolvimento da Amazônia (Sudam).

Esse "desenvolvimento" estava baseado em duas atividades básicas — madeira e pecuária. Num primeiro momento o ataque aos recursos florestais era realizado pelos madeireiros.

O resultado foi trágico: o esgotamento do recurso natural. A terra, sem mais utilização para madeireiros, era vendida a fazendeiros que colocavam abaixo o restante da floresta, considerado, literalmente, um obstáculo a ser derrubado. Em seu lugar plantavam capim. Os madeireiros, por seu turno, migravam para outra área ainda não desmatada, e reiniciavam seu projeto.

Um com todos — Foi nesse cenário que um frade dominicano, vindo da França, chegou à região em 1978 para travar uma luta tal qual Dom Quixote de La Mancha. Aliás, até fisicamente, ele se parece com o personagem de Cervantes. Chama-se Frei Henri Burin des Roziers (1930).

Sua família é abastada e ficou conhecida por fazer parte da Resistência francesa contra o nazismo. Formou-se em Letras e Direito. Atuava com estudantes da Universidade Sorbonne em maio de 1968, no movimento que mudou a França. Tornou-se um dos padres operários, trabalhando como motorista de caminhão e, depois, em uma fábrica, como forma de compreender e se aproximar da realidade sofrida dos trabalhadores, sobretudo dos migrantes.

Ao chegar ao Bico do Papagaio, deparou-se com uma grande injustiça social contra os posseiros de terra — aqueles que habitavam a região por anos, mas não possuíam documento da terra. Encontrou também migrantes que foram recrutados em outras regiões do país com falsas promessas e se tornaram escravos modernos nas fazendas da região.

Para ser mais útil, Frei Henri valida seu diploma de Direito e se torna advogado dos posseiros, através da Comissão Pastoral da Terra (CPT). Enfrentou os poderes econômico e político e encabeçou por anos a lista dos ameaçados de morte. Viu morrer assassinados seus irmãos de CPT, padre Josimo Tavares, mártir da reforma agrária, e irmã Dorothy Stang, mártir da Amazônia.

Seu trabalho não foi em vão. O Bico do Papagaio não é mais o campeão nacional do trabalho escravo, nem de morte de trabalhadores rurais, apesar dos imensos desafios que ainda existem para garantir o direito à dignidade a todos.

Há três anos, ele visitava o Convento dos Dominicanos em sua terra natal, Paris, quando foi acometido de uma rara doença que lhe retirou a força das pernas. Não voltou mais. Está num quarto pequeno com uma janela em que contempla uma única árvore — plátano, a mais comum da cidade. Através dela, sabe a estação do ano.

Estive com ele neste ano. Fiquei emocionado com a situação. Mostrou-se sorridente e feliz, como sempre. Disse que agora tem tempo para contemplar a criação. Pensei em como ele, que combateu madeireiros na Amazônia, estava feliz por ter aquela única árvore na janela. Nunca deixou de ensinar pelo exemplo. Contemplar a árvore todo o dia é o exemplo de realização e libertação total.

Acampamento João Canuto, Xinguara.
Foto: Arquivo CPT

Só sou o que sou por causa de Frei Henri

Gabriel França Daltoé

Gurupi, Tocantins, 27 de novembro de 2017

Há nesse mundo várias maneiras de ser imortal, contínuo e perene. Há nesse mundo, ainda, infinitas possibilidades de ser lembrado, mesmo após ter partido. E é assim que quero começar este texto. E quero começar assim porque ontem, na França, Henri des Roziers partiu do mundo físico para outro lugar que, independente da doutrina religiosa seguida por quem o lê, deve ser um lugar melhor que o nosso planeta, ainda mais para o homem que foi Frei Henri.

Tenho 25 anos hoje, sou advogado e sou o pouco que sou pela influência direta de meus pais. Contudo, ao analisar a trajetória de vida e profissional de ambos, há somente uma conclusão: eles somente são o que são porque conheceram Henri des Roziers.

De forma direta, então, posso afirmar: "Só sou o que sou por causa de Frei Henri."

A perda de Frei Henri por todos aqueles que apreciam um mundo mais justo, igual, fraterno e livre é um golpe amargo em um ano já muito amargo por tantos retrocessos.

Hoje o mundo torna-se menos justo, humano, igual. Hoje os pobres, os pequenos trabalhadores rurais e os camponeses do norte do estado do Tocantins e do sul do estado do Pará perdem um de seus mais ilustres e importante defensores. Hoje a advocacia, tanto brasileira quanto francesa, perde um de seus mais brilhantes e notáveis advogados. O mundo todo perde hoje.

E eu perco uma de minhas referências e mais uma das tantas boas memórias de minha infância. Frei Henri se foi. Suas ideias, causas e inspiração, entretanto, permanecerão em todos e a luta continua, sempre.

"Henri amava a todos, e todos o amavam"
Homilia pronunciada pelos freis Régis Morelon e Xavier Plassat durante a missa de corpo presente de Frei Henri no Convento Saint-Jacques, em Paris

[*Inicialmente, fala Frei Régis.*]

Gostaria de começar contando um fato pitoresco que mostra muito bem quem era Henri para aqueles que com ele conviviam. No começo de 2004, ele ficou internado por um bom tempo no Hospital Georges Pompidou em consequência de uma grave infecção pulmonar. Os tratamentos foram, algumas vezes, bastante dolorosos. Quando teve alta, eu estava acompanhando a ambulância que deveria trazê-lo ao Convento Saint-Jacques. No momento em que ele saiu de seu quarto, todos os funcionários do andar onde estava, enfermeiros e demais profissionais, fizeram-lhe um corredor de honra, saudando-o com um "olá!" no momento em que ele passava. Penso não ser comum isso acontecer em um hospital. Mas, porque Henri amava a todos, todos o amavam. E assim ele foi longe.

Foi quando preparava sua tese de Direito, em Cambridge, que Henri escolheu a Ordem dos Pregadores, influenciado pelo Frei Yves Congar, que lá se encontrava, exilado pelo Vaticano, proibido de dar palestras e de publicar, em consequência de seus posicionamentos a favor dos padres operários, condenados pouco antes, pela Santa Sé. Essa rebelião pareceu-lhe um sinal positivo em relação à ordem...

Encontramos, hoje, nesta assembleia, testemunhas de todos os trabalhos que Henri assumiu sucessivamente durante sua vida dominicana: advogados, antigos participantes dos acampamentos do CIHM (acampamentos nas montanhas, dos quais Henri foi apaixonadamente responsável, e durante os quais ele pôde despertar em muitos participantes o cuidado para com o próximo), antigos estudantes do Centro Saint-Yves (capelania da Faculdade de Direito), verdadeiro caldeirão de cultura, especialmente pela presença dos freis Henri, Nicolas Rettenbach e Jean Raguénès. Foi a única capelania estudantil a permanecer aberta em maio de 1968, no centro do bairro das acaloradas manifestações estudantis. E estão aqui os amigos de Annecy, e os do Brasil, onde permaneceu por 35 anos — Xavier falará sobre isso — e, finalmente, deste Convento Saint-Jacques, onde, apesar de sua grave enfermidade, ele continuou a transmitir sua alegria e a animar a todos que o queriam bem.

Em carta aberta, de dezembro de 1968, ele fez a avaliação do trabalho feito no Centro Saint-Yves, em particular durante o Maio de 1968, e deu algo como um programa de trabalho para o futuro: "Buscar com aqueles que buscam as verdadeiras razões de viver para toda a humanidade. O homem que nasce da civilização atual ou da mutação atual corresponde à esperança que cada um traz consigo, à esperança de Deus para cada um de nós e para a humanidade inteira?" Eis, em algumas palavras, um bom programa de busca da verdadeira liberdade para todas as pessoas.

Este programa de trabalho foi rigorosamente seguido por ele no quadro de sua formação jurídica, tomando como princípio esta frase de Lacordaire, dominicano do século XIX: "Entre o forte e o fraco, o rico e o pobre, entre o senhor e o servo, é a liberdade que oprime e a lei que liberta". Ele buscou deste modo restabelecer a justiça, reclamando uma aplicação rigorosa da lei, fosse em Annecy ou no Brasil.

Após oito anos em Annecy, pareceu-lhe necessário ir para mais longe. Foi então que em 1978 ele escreveu ao provincial dominicano do Brasil: "Eu trabalhei em Annecy numa administração, na Direção da Ação Sanitária e Social, sobre os problemas tocantes às condições de alojamento dos migrantes. Isso me levou a estar cada vez mais em contato com a população migrante e com seus problemas. Mas creio que seja necessário mudar e me renovar. Tenho vontade de ir à América Latina [depois ele explica o porquê da escolha do Brasil]. Contudo, penso que seja importante esclarecer ao senhor que não gostaria de estar preso a alguma função institucional da Igreja, tendo em conta a evolução que vivi."

Agora, é a vez de Xavier continuar...

Os pobres nos evangelizam

Era 1983. Minha primeira estadia no Brasil. Viajei por centenas de quilômetros na [rodovia] Belém-Brasília, rumo ao Bico do Papagaio. O 4×4 da CPT era dirigido alternadamente por Henri ou por mim. Fazia-lhe muitas perguntas, tentando entender os motivos de todos esses conflitos e o papel que a Igreja e ele mesmo desempenhavam no meio disso tudo. Em certo momento, perguntei-lhe: "Mas, me diga, Henri, esta Igreja da Teologia da Libertação é uma Igreja 'apenas' para os pobres? Ela apenas fala com os pobres? Ela não se importa com os ricos, ela não fala com eles?" Ele me respondeu por meio de uma variante de Lucas 16, 19-31, a história do rico (mau) e do pobre Lázaro. O homem rico está queimando lentamente no inferno e percebe um pouco tarde que toda a fartura de que sempre desfrutou foi às custas do pobre que, na sua porta, mal conseguia arrancar algumas migalhas, e ele, rico, nem se tocava. "Os ricos?", disse Henri, "Eles têm os pobres para evangelizá-los. Que saibam ouvir o clamor dos pobres, a angústia dos pobres e converter-se em conformidade." Uma conversão que Henri experimentou em sua carne, e que renovava a cada dia.

"Foi a mim que o fizeste", diz o Senhor

Um dia, durante um retiro dos frades da Província Bartolomeu de las Casas, do Brasil, Henri nos contou esta história verdadeira:

"Era um domingo de Páscoa, eu estava com raiva contra a nossa Igreja e contra o bispo, pois reclamava que a CPT estaria causando divisões e conflitos na comunidade com a virulência de suas denúncias. Não sentia vontade de ir nem à missa. Eu resolvi ir até a delegacia de polícia, pois eu sabia que um camponês tinha sido preso no dia anterior por ter resistido ao despejo de sua comunidade. Era uma comunidade que defendíamos e um juiz havia ordenado sua expulsão, apesar do direito das famílias naquela terra. Quando fui levado para a sala onde este camponês estava detido, eu o avistei deitado sobre um colchão de palha, sangrando, gemendo. Havia sido torturado, espancado, humilhado."

Então, Henri nos falou assim, literalmente soluçando:

"Onde estava Cristo naquela hora? Onde estava a não ser neste corpo desfigurado? A paixão estava diante dos meus olhos. Páscoa verdadeira."

Para Henri, para Jesus também, a verdadeira religião não se embaraça com muita religião. Sim, realmente, a verdadeira pergunta que define nossas vidas é esta: Senhor, quando vimos você morrendo de fome, doente, escravo ou prisioneiro, e passamos adiante?

A filiação? Domingos, por meio de Bartolomeu de las Casas

Henri reivindicava firmemente a filiação de Domingos, claro, mas através de Bartolomeu de las Casas. "O defensor dos índios, o primeiro que, publicamente, botou a boca no trombone. Tentei viver como ele. E, como ele, acredito que a revolta contra a injustiça sempre foi a força motriz, a principal motivação da minha vida."

Como Bartolomeu, Henri foi um frade perturbador, quiçá um tinhoso, uma pessoa que incomoda porque, visceralmente, a injustiça lhe é insuportável. Sempre preocupado com a preferência evangélica pelos pobres, estes que justamente têm a maior necessidade do direito, exatamente por serem alijados dos direitos primordiais: a terra e a vida, a saúde e a educação, o trabalho e a dignidade, escravizados pela ganância humana.

Frei Henri levou a sério a advertência do autor do livro do Eclesiástico (34, 21-22): "21. O pão dos indigentes é a vida dos pobres, e quem tira a vida dos pobres é assassino. 22. Mata o próximo quem lhe tira seus meios de vida, e derrama sangue quem priva o operário de seu salário." Foi esse mesmo texto que provocou a conversão de Las Casas em Cuba, onde, jovem sacerdote e *encomendero*, estava naquele famoso Pentecostes de 1514.

Esfolado vivo pela injustiça, era apaixonado pela verdade. Foi um parteiro, um despertador de consciências. Ativista infatigável, ele soube cativar-nos e encantar-nos, obcecado com a justiça. Foi essa *Vox clamantis in deserto*[165] recordada por Montesinos em seu famoso sermão de 1511, em Santo Domingo, no quarto domingo do Advento de 1511. Um pregador autêntico, *verbo e exemplo.*

A dimensão política da compaixão

Dos *clochards* do Semnoz, no alto da cidade de Annecy, às denúncias contra magistrados e policiais corruptos no Brasil, Henri quis assumir a dimensão política da compaixão, especialmente na luta contra a escravidão "moderna": insensível às difamações permanentes e às constantes ameaças, sem trégua, ele denuncia e exige das autoridades o cumprimento da lei e

---

165 "[Sou] a voz daquele que grita no deserto." [N.T.]

a definição de políticas arrojadas, com o objetivo de erradicar o trabalho escravo no Brasil e de acabar com a impunidade.

Assim nasceu a ideia de um Fórum Nacional contra a Violência no Campo. Assim nasceu a ideia de uma Campanha Nacional da CPT contra o trabalho escravo no Brasil. Assim ele levou para as instâncias das Nações Unidas em Genebra e para a Organização dos Estados Americanos em Washington os casos mais escandalosos de escravidão, envolvendo a responsabilidade internacional do Estado brasileiro, como nos casos, hoje famosos no Brasil, do jovem José Pereira, trabalhador rural escravizado, e da fazenda Brasil Verde, um processo preparado por Henri e julgado recentemente pela Corte Interamericana de Direitos Humanos, cujo presidente está ao nosso lado nesta tarde.

Henri tinha essa visão estratégica: em qualquer causa, há uma questão política. Como lembrou, ao receber em Paris o Prêmio Ludovic Trarieux, em 2005, citando esse mesmo grande jurista: "Não estávamos a defender apenas a causa isolada de um homem, pois por trás disso estava o Direito, estava a Justiça, estava a Humanidade."

Acendedor de lampiões, Henri levava o sorriso e a alegria do Evangelho. Lembremos seu lindo "conto de Natal", trazendo sob a luz da estrela-guia a saga do jovem Sebastião, em sua fuga desesperada do meio da floresta, para encontrar socorro e libertar seus companheiros de escravidão. [...][166]

Bem-aventurado seja, Henri! Onde você já está, Henrique, reze por nós!

---

166 Referência ao texto "Meu sonho", publicado neste livro. [N.T.]

Foto: Jean-Claude Gerez

A ira dos justos e a doçura das bem-aventuranças

Régis Waquet, advogado, durante a missa de corpo presente, em Paris

Estamos com 20 anos, somos estudantes de Direito ou de Ciências Econômicas. Com palavras muito simples, nesta pequena e despojada cripta do nº 15 da rua Gay-Lussac, um altar e alguns bancos, você, Henri, conta para nós a boa nova de Jesus Cristo. Crentes, nós nunca a havíamos ouvido assim. Não crentes, ela nos alcança da mesma maneira, com seu exigente radicalismo. Com seu olhar brilhante, você nos pergunta: "Que tipo de humanidade vocês irão construir amanhã?"

Para muitos de nossos camaradas de Saint-Yves daqueles anos, esse questionamento amigável e premente permaneceu indelével, e orientou, de uma forma ou outra, suas escolhas de vida.

"Abra o olho!", como diz hoje a Campanha Nacional para a Erradicação do Trabalho Escravo no Brasil, já era a mensagem que você nos dirigia, ao passo que organizava nosso confronto com as realidades concretas, no chão da vida, onde as bem-aventuranças são encarnadas dia após dia, onde estão os aflitos, os famintos, os perseguidos, aqueles que, com tanta facilidade, sabemos tornar invisíveis aos nossos olhos e aos nossos corações.

Ser artesão de paz era usar a arma do Direito quando o mesmo protege os fracos, mas também devolver contra ele mesmo a violência do Direito quando, entre o fraco e o forte, é o próprio Direito que oprime. Era desvendar a verdade, sem a qual a justiça não passará. Era fazer explodir essa verdade envolvendo coletivamente o maior número de pessoas.

Uma advogada que era nossa amiga comum vinha a cada semana alegrar seu retiro forçado. Ela disse com razão que, pela sua força de convicção, livre de qualquer ideologia partidária, você tinha esse dom excepcional de atrair para sua militância até os menos naturalmente dispostos a se envolver.

Quanto a mim, que oportunidade incrível eu tive de compartilhar muitas das suas batalhas, com a calorosa confiança de sua amizade! Neste momento, estou lhe vendo de novo com Loulou e René, pobres excluídos, maltratados por policiais de Annecy. Lembro-me da noite passada a estudar seu dossiê, e da Justiça que desviou os olhos.

Vejo você chegando de manhã cedo ao meu escritório de advogado, quando patrões inescrupulosos tentavam excluí-lo da Secretaria de Assistência Social (DDASS) por você ter mandado ordenar a interdição dos casebres onde abrigavam seus trabalhadores árabes. Eu ouço você — voz distante, mas tão próxima — me telefonando desde Porto Nacional, Gurupi, Rio Maria ou Xinguara, que a situação é grave, que é urgente nos mobilizarmos.

Lembro-me desses poucos dias, quando você literalmente investiu o meu gabinete, que era sede do Comitê de Apoio aos Camponeses Sem Terra do Brasil (também animado pelo mara-

Henri, verão de 1968, sessão de Saint-Yves no Oisans, sobre 'O essencial da mensagem cristã'.
Foto: Régis Waquet

vilhoso Frei Nicolas Rettenbach e seu fiel amigo Alain Maurin), para lançar petições de apoio aos lavradores do Bico do Papagaio, abaixo-assinados amplamente divulgados depois de serem impressos na gráfica das Indústrias de Palente graças ao seu cúmplice Jean Raguénès.

Vejo você ainda no Tribunal de Justiça de Belém, cercado por tantas mulheres e homens, vindos de ônibus ou a pé por estradas enlameadas, gritando por justiça e vendo pela primeira vez a Justiça golpeando o poderoso que armara os pistoleiros. Você tinha a ira dos justos, Henri, mas também a doçura das bem-aventuranças. Ainda posso ouvi-lo celebrar com ternura sua admiração pelo humilde e fervoroso compromisso das mulheres da Guatemala, da Argentina e do Brasil.

Aninha me lembrava disso ontem: você era adorado por todas as crianças, que corriam até você durante suas viagens. E há aqui mesmo, ao seu redor, crianças de sua família, mas também da família de seus amigos, que descobriram em você — como disse um dos meus netos, caindo em lágrimas — um delicioso bisavô. Com relação aos seus amigos, você cultivava um humor provocador, feito de ironia terna e suave, de nos fazer corar, com qualidades que nem sempre temos.

Você estava em profunda comunhão com a natureza. O que eu não daria para refazer com você o nosso último passeio no Jardim de Luxemburgo, na contemplação maravilhada das cores do outono? Bem-aventurado teu coração puro, queimando de amor, que ainda está entre nós, esse fogo que tentaremos continuar a fazer levantar.

Acampamento João Canuto, Xinguara, Pará.
Foto: Arquivo CPT

"Eu não aguento a injustiça"

Claude Billot, amigo, durante a missa de corpo presente, em Paris

A morte de Henri nos toca. É assinatura na espessura de uma vida. Vim a conhecer Henri em 1973. Ele na época trabalhava na Direção de Serviços Sociais (DDASS) de Annecy, onde era encarregado de levantar as infrações à legislação sobre o alojamento de migrantes. Foi Jean Raguénès, padre-operário na fábrica Lip e grande amigo de Henri, que me havia recomendado a ele. Vários membros da minha família estavam envolvidos no conflito da Lip. Ao chegar na DDASS de Annecy, assim que pronunciei o nome de Jean, o rosto de Henri se iluminou e, numa postura dele bem costumeira, levantou os braços em sinal de acolhida. Eu era adotado. A convite dele — premente convite: o Henri sabia ser premente — ingressei no Comitê Verdade-Justiça (CVJ) de Annecy, como que aspirado, atraído pelo imã do magnetismo e do carisma dele. O CVJ havia sido criado uns seis meses antes para denunciar a morte escandalosa de um *clochard*, deportado pela polícia e abandonado no alto da montanha, na neve, onde foi encontrado morto. De frio.

Rapidamente senti uma enorme simpatia para com este homem que parecia possuir todos os talentos. Pessoa sempre e naturalmente muito à vontade, *bon vivant*, não havia, ainda assim, nenhuma futilidade na sua vida. Ele ia direto ao essencial: banalidade não existia na sua fala. Henri era sempre extremamente informado. Suas preocupações sempre se relacionavam com a injustiça. "Eu não aguento a injustiça", repetia constantemente.

Henri morava numa quitinete de conforto espartano, sem comodidade alguma. A exiguidade do alojamento não o impedia de hospedar vez ou outra um *clochard* lascivo e alcoólatra, Loulou, testemunha principal no caso dos *clochards* de Annecy.

Henri admirava a liberdade deste homem tão simpático. Eu era impressionado pela hospitalidade de Henri, que aguentava tranquilamente o odor de suor, de rua, de sofrimento e de miséria de Loulou. Ele mais ria das "torpezas" do amigo que costumava roubar nas bancas. Um dia Loulou pôs fogo nas cortinas de Henri.

Henri se importava com o trato da sociedade para com os excluídos, os mais frágeis entre nós: migrantes, ciganos, gente da viagem, marginalizados de todo tipo... Numa carta de 1972 dirigida aos seus pais, ele escreve: "Já fui por duas vezes furtado por vizinhos marginais que são também meus amigos. Nada grave. E de qualquer maneira, como eles têm quase nada para viver, acaba não sendo roubo, mas algo como um restabelecimento de justiça."

Força serena, de uma intransigência tranquila, ele era implacável com a imperícia e qualquer maldade. Trabalhador incansável, ele me ensinou a verificar tudo, a não afirmar nada que não seja devidamente checado, que a verdade é também um alicerce sobre o qual se apegar. Henri não deixava passar nada. Nada! Com tenacidade implacável, ele tinha uma fé de levantar montanhas. E, às vezes, confrontado a causas que pareciam desesperadas, realmente as levantava.

Assim como aconteceu com vários outros — e isso me tornou irmão para com tantos outros meus semelhantes —, Henri foi para mim um pai espiritual. Ele era adepto da pobreza evangélica. Homem despojado dos bens materiais, livre.

Ele amou, amou muito. Ele chegou ao crepúsculo da existência repleto de vida. Teve uma história luminosa. Semeou por toda parte sementes que irão eclodir. Deixa para nós uma herança fabulosa. Estamos cheios de sua força.

O reconhecemos: ele está vivo.

Surpresa, inquietude, admiração

Alain Burin des Roziers, sobrinho e afilhado de Frei Henri, durante a missa de corpo presente, em Paris

Henri,

Seu pai Francisco era autoritário, sério, exigente, queria o melhor. Apaixonado pela Auvergne e pela natureza, era um poeta. Sua mãe Maria era de uma grande sensibilidade, compreensiva, carinhosa, uma artista. Uma família de fortes laços.

Henri, você é o terceiro de uma família de cinco filhos. Os estudos eram muito importantes. Para um menino, ser engenheiro e, se possível, formado na Escola Politécnica de Paris, era o ideal. Um doutorado em Direito, com a tese publicada, não era o ideal, mas se poderia ter orgulho disso.

Surpresa: você entra para os dominicanos. Mais surpresa ainda com seu engajamento no Maio de 1968, os *katangais*...

Incompreensão de seu pai, apoio incondicional de sua mãe. Não se trata de algo muito político? De esquerda?

Surpresa quando você vai para a Haute-Savoie para ser padre operário.

Incompreensão quando você apoia os grevistas de Lip, e me oferece um relógio de pulso da marca Lip. "É um roubo", dirá seu pai.

Surpresa e admiração quando você vai trabalhar na DDASS em prol do alojamento dos trabalhadores migrantes.

Incompreensão quando você se lança no Comitê Verdade-Justiça, apoiando os *clochards* de Annecy.

Surpresa quando você vai para o Brasil. Admiração quando você se une à Comissão Pastoral da Terra e aos trabalhadores rurais sem-terra.

Inquietude quando você luta por justiça frente aos grandes proprietários de terra, quando você é ameaçado de morte.

Orgulho ao vê-lo defensor dos pobres e oprimidos, sempre agindo sobre as causas desta opressão.

Henri, você sempre guardou os laços familiares, com grande afeição por seus pais, sua irmã e seus irmãos, sobrinhos, sobrinhos-netos...

Eu pude vê-lo muito mais vezes depois de seu retorno a Paris, por volta de 2012, para se tratar. Você morava com papai.

Três aspectos de sua personalidade me chamaram a atenção de modo particular:

Sua capacidade de maravilhar-se: "Isso é maravilhoso!"

Seus amigos, os de longa data ou os mais recentes, numerosos e sempre fiéis.

Sua frase de sempre: "Fiquemos em contato!"

Sua família são também os seus irmãos dominicanos, todos os que estiveram com você ao longo de sua vida, os que o acolheram e estiveram próximos, aqui no Convento Saint-Jacques.

Henri, há dois anos, eu pedi a você que me dissesse o que você gostaria de nos transmitir. Você nunca respondeu. A mim, a nós, que buscávamos a resposta em sua vida.

Fiquemos em contato!

Frei Henri com irmã Irenilda, 2005.
Foto: João Laet

Semeador de estrelas

Ana de Souza Pinto, a Aninha, da CPT de Xinguara,
durante a missa de corpo presente, em Paris

Estamos aqui para juntar nossas vozes aos sem-terra, aos camponeses, aos escravizados, a todas as pessoas que gostariam de estar aqui. Entre eles, também companheiros, irmãos e irmãs da família dominicana e dos movimentos sociais do Brasil.

Estamos aqui para compartilhar com vocês a nossa dor pela partida, pela passagem do nosso querido Henrique, amigo, irmão e companheiro dos pobres.

Estamos aqui para compartilhar com a família de Henrique a nossa solidariedade, nosso carinho, compartilhando esse momento que nos une, nos coloca em comunhão.

Estamos aqui para agradecer a você, Henrique, por toda sua dedicação, seu compromisso, vivência profunda e evangélica. Você viveu profundamente as grandes causas da humanidade, desde a França até o Brasil. Por isso tudo, querido Henrique, querido irmão dos pobres, agradecemos, expressamos nossa imensa gratidão.

Por que agradecer uma pessoa como Henrique? Por tudo o que ele era, é e continua sendo no meio de todos nós. Pessoas como Henrique se tornam estrelas luminosas no céu. Luminosas para continuar nos inspirando, nos motivando, nos fortalecendo, para buscar a fidelidade ao evangelho dos pobres. Portanto, o chamamento de Henrique para cada um de nós é para que sejamos cada vez mais militantes das grandes causas da humanidade. Direito à vida, à alimentação, à terra, ao território, à dignidade, à liberdade e à solidariedade.

Sempre, sempre, Henrique viveu no meio dos trabalhadores, dos pobres. Nós que continuamos queremos elevar nossa esperança utópica, na construção do reino de Deus aqui e agora, na construção de um outro mundo possível, onde todos os direitos sejam para todos, rumo a uma terra sem males...

Fevereiro de 2010. Celebração dos 80 anos de Frei Henri.
Foto: Arquivo CPT

“O que fizemos com nossas vidas?”

Didier Laurent, amigo, Paris

Fiquei sabendo rapidamente, domingo, 26 de novembro, no início da tarde, da morte de Henri. Fui ao convento por volta das cinco da tarde. Henri estava descansando em cima de sua cama, no seu quarto. Ali tudo era paz. Não havia ninguém naquele momento. Fiquei por muito tempo. Coloquei perto dele uns ramos de oliveira carregados de azeitonas que colhemos para ele com Pauline e os amigos do CIHM, Marie-France e Jacques, Gildas, Anne-Marie, Chantal e Robert, na casa de quem estávamos na semana anterior, no Vaucluse. Ali pensamos no Henri. Eu tinha planejado trazê-los para ele na segunda-feira.

Neste grande silêncio, olhei muito para esse quarto, que eu conhecia muito bem, a janela, a bela árvore no meio do jardim do convento, a grande cadeira de rodas que o Maurice Barth havia deixado para o Henri, quando faleceu, em abril de 2014.[167] Henri, que passava seus dias imobilizado nessa grande poltrona, costumava olhar e falar com frequência com esta árvore que cuidava dele. Ela era feita natureza viva, feito relógio de sol na parede da igreja, marcando o tempo longo e lento. Marcava as estações com as suas mudanças de cor, com o ir e vir das folhas, quedas e renascenças... Henri adorava sua árvore e aguardava

---

167 Maurice Barth (1918–2014), dominicano, viveu forte compromisso com a América Latina. Henri o conhecia bem e escreveu o prefácio para seu livro *Où va mon Eglise? Reflexions crépusculaires* [Para onde vai minha Igreja? Reflexões crepusculares], em 2012. Henri explicou longamente os motivos do sofrimento um pouco desesperado de Maurice. “É difícil de ler e de ouvir, mas isso é verdade e é justo”, escreveu. O fato de, ao morrer, aos 96 anos, em abril de 2014, Maurice ter doado a Henri sua cadeira, que podia subir e descer em todas as direções, foi um gesto que comoveu a muitos. [N.T.]

a chegada dos pássaros na primavera... Também olhei para sua escrivaninha, onde se amontoava todo tipo de caixas de remédios, e sua biblioteca que, desde que chegou, acolheu objetos, livros, imagens de visitas, cartões de amigos de longe. Em lugar destacado vi a foto do acampamento "Frei Henri De Roisiers", com a placa sinalizando o acampamento sem-terra que leva seu nome. O radinho, a televisão que lhe foi oferecida por nós todos em 2014, a tela do seu computador coberta por inúmeras etiquetas amarelas, os enormes mecanismos destinados a levantá-lo e movê-lo... E ele, em sua cama, tranquilo, tranquilo...

No CIHM fomos companheiros de momentos felizes com Henri, antes dos tempos de suas lutas. No bojo desta felicidade, a montanha, a alta montanha mesmo, luminosa, maravilhosa, que ele amava, e os chalés do CIHM no vale da Bérarde (Oisans), Eyrette, Champébran e Lanchatra, este vilarejo em estado de abandono, sem energia, com água só na torrente, a mais de meia hora da estrada por um caminho íngreme. E também Bionnassay, sob o Mont Blanc, em meio a uma linda *alpagem* [pastos no alto da montanha] que a gente alcançava por um trenzinho do desfiladeiro de Voza.

O CIHM foi lançado em 1952 pelo padre Maillard e por estudantes de Saint-Yves. Oferecia nesses belos lugares estadias autogeridas durante as férias de verão, para jovens de 20 a 30 anos. A maioria era de trabalhadores. Guias profissionais enquadravam nossas corridas de alta montanha. A animação e a gestão ficavam por conta dos participantes com experiência de estadias anteriores. Os intercâmbios e a reflexão tinham um lugar importante no que se chamava o "5 a 7". Um dominicano participava de cada encontro — na maioria das vezes, naquela época, entre 1966 e 1969, era Henri, Jean Raguénès ou Michel Gest, todos eles de Saint-Yves, e também Xavier Charpe, do Centro Istina, e outros dominicanos, mais ocasionalmente. Henri gostava muito da montanha, desta natureza forte, de sua grande beleza, das experiências calorosas e revigorantes que proporcionava, do relaxamento e da amizade. Ele tinha para conosco a mesma atitude que tinha com os estudantes de Saint-Yves: nos ajudar a refletir. Era ótimo. E muitos como eu ficaram desde então apegados a ele. Ele nos pegava ali onde estávamos e nos fazia ir mais longe. Jean, Michel, Xavier, cada um com seu estilo, também trouxeram sua presença enriquecedora. Não eram muito mais velhos que nós, adoravam esses acampamentos e viviam como nós. Foram criadas amizades que atravessaram os anos. Éramos uns felizardos. A pergunta que eles nos faziam, coletivamente, era: "O que você vai fazer com a sua vida?"

Cinquenta anos depois, na sexta-feira, 1° de dezembro de 2017, lá estávamos nós, mais de trinta desses amigos que conheceram o Henri nessas jornadas de verão, para lhe prestar homenagem, agradecê-lo, dizer-lhe de nosso carinho e, possivelmente, ao pensar nele, rememorando este "O que fizemos com nossas vidas?".

Eu ingressara no CIHM em 1965 e conheci Henri em 1966 com Marie-France Cayeux. Eu estava com 23 anos e não era de Saint-Yves. Nós montamos algumas dúzias de campos com tantas equipes de animação, refletimos sobre o que fazíamos e também sobre nossos limites. Nossa sede era no Boulevard Saint-Germain, mas a maioria de nossas reuniões eram realizadas em Saint-Yves, na rua Gay-Lussac.

Chegou 1968. Abertos à efervescência, nos adaptamos como pudemos. Olhando em retrospectiva, acho que ficamos ultrapassados, mas essa libertação do discurso nos fascinou e, desta experiência, não queríamos perder nada. Henri, Jean e Michel, ao final de 1968, explicaram extensivamente sua atitude no âmbito do Centro Saint-Yves, frente ao movimento estudantil. Pouco depois eles tiraram algumas conclusões radicais desses eventos. Xavier também.

A partida de Henri e Jean, anunciada em 1º de junho de 1970 aos estudantes de Saint-Yves e aos membros do CIHM, foi um evento fundamental para mim e para muitos de nós. Eles escreveram assim: "Nós dois sentimos muito fortemente a necessidade de nos recriar interiormente e de realizar algo que tem muito valor para nós há muito tempo: compartilhar pelo menos por um certo tempo as condições da vida, de habitação, de trabalho de gente pobre, cultural e materialmente."

Mantive contato com Henri, em Besançon e em Annecy. Lembro-me de animadas discussões na casa de Jean e Henri quando eles estavam juntos em Besançon, noites incríveis na rampa do castelo, na parte antiga de Annecy, que não era aquela coisa mimada de hoje... Eu tinha muita estima por eles. Eu apoiei, perguntando-me também: onde eles estão indo? Era o ano de 1973! Lip, Chile, Vietnã...

Entendi quando Henri resolveu partir para o Brasil; fiquei, porém, bastante ansioso por ele. Admirei-o sem restrições, por sua ação, claro — os fatos estão gritando! Por sua habilidade e sua energia. Mas também por esta razão que Xavier Plassat recordou em sua homilia: a compaixão, sim, mas sem nunca esquecer a dimensão política. E também por ele ter escolhido, como em Annecy, o Direito e a Justiça como arma.

Pareceu-me uma escolha essencial, e penso em Henri em eco a Alain Supiot,[168] que escreveu: "O Direito é o texto onde nossas crenças fundadoras são escritas: crença em um significa-

---

168 Professor de direito do Collège de France, na cadeira sobre Estado social e globalização: análise jurídica da solidariedade. [N.T.]

do do ser humano, no império das leis ou no poder da palavra dada." Isso vai muito além do Brasil...

Também senti que Henri estava feliz ali, apesar dos enormes riscos e das dificuldades, porque ele estava no meio de sua gente, pobres, excluídos, e também porque instituições religiosas, tais como a CPT, além de bispos e atores importantes estavam lutando a partir das mesmas bases que ele, o que não era o caso em Annecy. Na América Latina, ele podia viver uma grande unidade pessoal entre sua fé, os valores evangélicos que guiam sua vida, sua ação e sua Igreja.

Recebíamos notícias bastante frequentes de Henri. Quando ele retornou à França, em 2011, para se tratar dos efeitos da miopatia, ele veio participar de nossa reunião anual dos "velhos amigos" do CIHM, que foi realizada na casa de Anne Bailleau, em Charin (Nièvre). Foi ótimo. Muita emoção após uma ausência tão longa. A natureza era linda. Henri caminhava lentamente com sua bengala. A gente o acompanhou até a margem do rio Loire.

"É maravilhoso", repetia ele.

Ele voltou ao Brasil e retornou dois anos depois, no final de agosto de 2013, para acompanhar seu irmão, então muito doente. Um novo acidente vascular cerebral, brutal, aumentou muito sua deficiência. Tratamento, reabilitação. Ele morava com o irmão. O progresso era lento. Precisou recomeçar a reabilitação. Longa permanência no Hospital dos Inválidos. Tudo então contribuiu para um retorno de Henri ao convento de Saint-Jacques. Régis Morelon, que regularmente visitava Henri, insistiu para ele fazer seu pedido ao convento. Henri o fez, em acordo com seu irmão. O convento aceitou e organizou um quarto para ele.

Uma embolia pulmonar em fevereiro de 2014 por pouco não o matou. Conseguiu se salvar no Hospital Pompidou. Mudou-se em março de 2014 para o convento da rua Des Tanneries, que também se chama Saint-Jacques. Henri então era muito dependente. Ele entra naquele quarto. Ele sabe que não voltará mais para o Brasil. "Não posso impor à minha equipe carregar o peso que eu represento agora e os riscos ainda mais complicados que podem acontecer a qualquer momento."

Eu falo isso tudo porque é necessário imaginar o que essa situação significou para esse homem de ação, há quarenta anos no Brasil, quarenta anos de luta, alguém do qual todos atestam que era um homem voluntário, enérgico, tenaz, até teimoso em batalhas incessantes, ousado e corajoso, inteligente, macio para com os homens de boa vontade, gentil e terno para com os seus queridos sem-terra.

Este homem, cujo maior desejo pessoal era poder terminar sua vida no meio daqueles que são agora *os seus*, este homem talentoso, nascido na aristocracia francesa, com esse longo caminho até chegar ao meio dos sem-terra, estava agora imobilizado para o resto da vida, pregado em uma cadeira neste quarto do convento do décimo-terceiro distrito de Paris, sob o olhar solitário daquela árvore do lado de fora.

Como aceitar isso? A janela, a árvore, a poltrona de Barth, a dependência e a plena lucidez, por anos... até o fim, sem dúvida. A um certo momento, eu tive medo por ele. Um momento de desânimo? Pode ser, como Jesus ("Meu Deus, por que me abandonaste?"). Não durou. Ele disse a Régis e a mim, que estávamos com ele, sem termos perguntado nada, mas ele deve ter sentido a nossa preocupação, com uma voz firme: "Está tudo bem, eu me sinto bem, não tenho problema, não é? Não se preocupem!" E, de lá para cá, nenhuma queixa, nenhum arrependimento.

Cansaço, claro, mas sempre com aquele sorriso dele, o bom humor. Ele podia mais uma vez, longe das lutas, deixar-se levar pela sua doçura, pela sua empatia natural, pelo seu humor, maravilhando-se com as visitas. Uma nova lição de vida para mim e para muitos outros. Aceitar sem tristeza nem grunhidos ou depressão essa situação a tal ponto que ir vê-lo sempre foi para mim uma alegria...

Ele não queria escrever. Ou quase, até porque nem conseguia mais. Até mesmo digitar algumas palavras no teclado do computador era uma luta, mas, com Claude Billot e Sabine Rousseau, ele aceita e permite que rastros de sua vida venham à luz e sejam transcritos: sua ação e o significado subjacente. Era preciso, era óbvio para nós, mas ele não queria um estilo "eu, eu mesmo". As entrevistas com Sabine Rousseau foram publicadas [na França] no início de 2016. Outros livros virão.

Eu quiçá não deveria escrever isso. Eu, que não acredito em Deus e em todos esses dogmas complicados. Na sexta-feira, 1° de dezembro, durante a celebração para Henri, presidida por Régis, o fiel entre os fiéis de Henri no convento dos dominicanos, eu pude entender. E foi com grande emoção, como, em outra época, após a morte de um Jesus que tanto admiravam e amavam, homens puderam acreditar que ele, de certa forma, era imortal, e que eles seriam transformados — e outros mais com eles, depois.

Henri - Sampaio, Bico do Papagaio, 1983.
Foto: Régis Waquet

O legado de Frei Henri

José Batista Gonçalves Afonso, advogado da CPT em Marabá, Pará

O Bico do Papagaio e o sul do Pará, regiões onde Frei Henri atuou por mais de trinta anos, ficaram conhecidas como as mais conflitivas do Brasil, no tocante à luta pela terra e ao combate ao trabalho escravo.

Apenas no sul e sudeste paraense, a CPT registrou nos últimos quarenta anos mais de seiscentas mortes, entre sindicalistas, advogados, religiosos e trabalhadores rurais. Houve 34 chacinas, que vitimaram mais de duzentos lavradores. E foram mais de treze mil as vítimas resgatadas do trabalho escravo pelos fiscais do Trabalho. São dados expressivos, embora constituam apenas a ponta de um iceberg bem maior.

Ao chegarem à região de Conceição do Araguaia e de Marabá, em meados dos anos 1970, as equipes da CPT se depararam com um quadro dramático. O modelo incentivado pelos militares para explorar as riquezas da Amazônia — terra, madeira e minério — incentivava grupos econômicos a integrar a região a seus negócios, passando por cima das populações locais (indígenas, posseiros, extrativistas, novos migrantes atraídos), consideradas apenas como peças de uma engrenagem destinada a produzir e concentrar riquezas.

Uma verdadeira teia de violência foi se tecendo sob o manto da mais absoluta impunidade e o controle dos militares. Poucos anos antes, sessenta militantes do Partido Comunista do Brasil haviam sido liquidados e seus corpos, desaparecidos pelo Exército, pondo fim ao movimento conhecido como Guerrilha do Araguaia. Quem ousasse lutar pelo respeito aos direitos humanos nessa mesma região seria taxado logo de comunista e passaria a ser perseguido, ameaçado e, muitas vezes assassinado.

Inúmeras violências marcaram as dioceses de Conceição do Araguaia e de Marabá até a década de 1990: o assassinato de Raimundo Ferreira Lima, o Gringo, sindicalista; a prisão dos padres franceses Aristides e Chico, e de mais treze posseiros; o assassinato do advogado Gabriel Sales Pimenta; o assassinato do sindicalista Brás Antônio e de seu colega Renan; o sequestro dos três filhos de João Canuto, sendo dois deles executados e o terceiro, gravemente ferido; o assassinato do poeta e sindicalista Expedito Ribeiro de Sousa, presidente do Sindicato dos Trabalhadores Rurais. As ações contra lideranças da região mostram uma clara estratégia de enfraquecimento do processo de luta e organização dos camponeses, por sua vez chacinados.

Tendo como prioridade o combate à impunidade dos mandantes e executores desses crimes, a CPT chamou então Frei Henri. Ele já trabalhara no estado vizinho do Tocantins, na região do Bico do Papagaio, e já acumulara experiência em processos de peso, tal como o dos responsáveis pela morte de padre Josimo, assassinado em 10 de maio de 1986.

Os desafios eram enormes: o crime contra João Canuto já completava quase sete anos, e o inquérito sequer tinha sido concluído; o Judiciário, o Ministério Público e a polícia sofriam forte influência dos poderes econômicos e políticos, coniventes com os fazendeiros mandantes dos crimes. Assumir tal missão significava se colocar na mira do latifúndio criminoso.

Henri não pensou duas vezes e aceitou o desafio.

Junto com a equipe da CPT, Frei Henri logo colocou em prática uma estratégia de intervenção jurídica centrada em dois elementos-chave. Primeiro, a escolha de casos exemplares, pois não tinha como acompanhar todos as ocorrências de assassinatos de camponeses na região, localizar testemunhas, produzir provas, monitorar os processos. A escolha de casos emblemáticos tinha como objetivo conseguir finalizar aquele processo e levar pistoleiros e mandantes a júri popular. Uma vez condenados e presos, esses casos repercutiriam sobre os demais, provocando um efeito dissuasivo, quebrando dessa forma o ciclo da impunidade e provocando a diminuição da violência.

O segundo elemento-chave de sua estratégia era articular a técnica jurídica com a pressão política: Henri sabia que, dado o grau de comprometimento das autoridades da região, não bastava ser um advogado tecnicamente competente, seria preciso muita pressão política para forçar o Judiciário a fazer andar os processos. Henri e a equipe construíram uma rede de articulação e apoio muito ampla que envolvia advogados, artistas, entidades de direitos humanos nacionais e internacionais, membros de órgãos públicos federais e profissionais de diferentes áreas. Em nível local, a estratégia exigia um paciente trabalho de base para a construção de uma articulação forte, envolvendo Igreja e movimentos sociais, e o Comitê Rio Maria.

Henri encarava todos esses desafios como uma missão profética e, como padre, aproveitava os espaços da Igreja e das lutas sociais para difundir uma prática da fé voltada para a libertação dos empobrecidos e oprimidos, através da luta pela justiça.

O resultado desse trabalho não demorou a aparecer: a condenação de Jerônimo Alves Amorim em junho de 2000 foi, no estado do Pará, o primeiro caso de condenação de fazendeiro à pena de prisão por crime no campo. Sabendo da influência dos ruralistas sobre os jurados de Rio Maria, Henri articulou o desaforamento do processo para Belém. Esse caso gerou uma jurisprudência no Tribunal de Justiça do Pará, possibilitando o desaforamento de praticamente todos os julgamentos de casos mais emblemáticos para a capital do estado, tais como os processos relacionados a João Canuto e seus filhos; ao massacre de Eldorado dos Carajás; a Dorothy Stang; a Dezinho; às chacinas da Ubá e Princesa; a Brasília; a José Cláudio e Maria do Espírito Santo. Segundo levantamento da CPT, esses julgamentos resultaram na condenação de 32 pistoleiros e intermediários e de quinze fazendeiros mandantes.

Em relação aos crimes de trabalho escravo, a atuação de Henri não foi diferente. Sabendo da resistência do Estado brasileiro em sequer admitir a existência de trabalho escravo no Brasil, Henri resolveu acionar a Comissão Interamericana de Direitos Humanos da OEA. O primeiro caso apresentado, o Caso José Pereira, forçou o governo a assinar com os peticionários e a comissão um acordo no qual admitiu a existência da prática de trabalho escravo no Brasil e se comprometeu a implantar medidas concretas para combatê-lo.

Outro caso, cujo desfecho positivo deve ser creditado a Frei Henri, foi o da fazenda Brasil Verde, no qual, em 2016, após dezoito anos de trâmite nas instâncias da OEA, o Estado brasileiro sofreu sua primeira sentença de condenação pela Corte Interamericana de Direitos Humanos. A denúncia fora apresentada por Henri e equipe junto com o CEJIL.

Nos dois campos, o mesmo empenho e a mesma estratégia.

Conheci Henri quando ele chegou a Rio Maria para integrar nossa equipe, logo após o assassinato de Expedito Ribeiro, em 1991. Como estudante de Teologia da diocese de Conceição do Araguaia, fiz meu estágio na paróquia local, de 1989 a 1991, quando o vigário era o padre Ricardo Rezende. Concluído o curso, integrei a paróquia de Xinguara, onde permaneci até 1996, atuando nas pastorais sociais. Devido à proximidade entre Xinguara e Rio Maria e à mesma realidade de violência em ambos os lugares, meus contatos com Henri eram frequentes. Ele era a referência para nos orientar em relação às situações de violência que apareciam. Em 1996, acompanhamos juntos o velório e sepultamento dos dezenove sem-terra vítimas do massacre de Eldorado dos Carajás. Passei então a integrar a equipe da CPT da diocese de Marabá. Para me preparar a exercer a advocacia, resolvi fazer o curso de Direito.

Desde então, embora em regiões distintas, formamos uma única equipe jurídica a serviço dos trabalhadores rurais do sul e sudeste do estado. Por esta equipe passaram muitos advogados e advogadas, e Henri sempre foi nossa referência.

Não é exagero afirmar que a história da assessoria jurídica da CPT do sul e sudeste do Pará se divide entre antes e depois de Henri. A prática da advocacia popular de Henri se transformou em uma escola. Com ele, aprendemos a fazer a defesa do direito dos trabalhadores com firmeza e determinação, mas também com muita ternura. A Henri associo a frase do eterno Che: "*Hay que endurecerse, pero sin perder la ternura jamás*".

Hoje temos cinquenta filhos de camponeses que estão se formando em Direito pela Universidade Federal do Sul e Sudeste do Pará. Henri não chegou a conhecê-los, mas não temos dúvida de que deles surgirão inúmeros advogados e advogadas populares que continuarão se inspirando em suas práticas e dando seguimento a este seu legado, construído ao longo de três décadas de atuação entre nós.

Já próximo de seus últimos dias nessa terra, Henri manifestou o desejo de ser sepultado em um acampamento de famílias sem-terra. Sua escolha recaiu em um acampamento do MST que lhe homenageara ainda em vida: o "Acampamento Frei Henri", estabelecido em uma propriedade conhecida como "Fazendinha", formada sobre terras públicas federais griladas, e localizada no município do Curionópolis. Uma escolha apropriada. Desde que o MST, em 2009, decidiu acampar nessa área, travou-se uma verdadeira guerra pela disputa do imóvel.

De um lado, os poderosos fazendeiros da região de Carajás, organizados pelo Sindicato Rural de Parauapebas e, do outro, duzentas famílias sem-terra. Foram nove anos de muitas ameaças, intensos tiroteios, arregimentação de pistoleiros, manipulações do Instituto Nacional de Colonização e Reforma Agrária (Incra), omissões das polícias militar, civil e federal, e inclusive de juiz federal. Entre os fazendeiros envolvidos, vários já foram acusados por terem participado das articulações do massacre de Eldorado dos Carajás ou denunciados pelo assassinato, em 1998, de duas lideranças do MST, entre outros crimes contra trabalhadores do campo.

Pelo poder de fogo do adversário, muitos achavam que seria uma luta quase impossível de ganhar, mas foi justamente pela capacidade de organização interna, pela determinação e coragem das famílias, e graças à forte articulação com muitas entidades, que se tornou possível a conquista daquele território. Este caso ilustra perfeitamente o jeito de atuar de Frei Henri junto a muitos acampamentos de sem-terra de nossa região. Ajudou-os a conquistar seus territórios para nele morarem, produzirem e viverem.

É a partir desse ambiente de luta, de resistência e de conquistas que Henri será lembrado por homens, mulheres e crianças do futuro "Assentamento Frei Henri De Roisiers", por todos os camponeses e camponesas que lutam pela conquista e defesa de seus territórios e por todos e todas que defendem a democratização do acesso à terra, o respeito aos direitos humanos e a construção de uma sociedade justa e igualitária.

Acampamento na fazenda Inajaporã, em Santa Maria das Barreiras, 2004
Foto: João Laet

MARCOS BIOGRÁFICOS E HISTÓRICOS

18 DE FEVEREIRO DE 1930 — Nasce em Paris, no oitavo distrito, Henri Burin des Roziers, filho de Marie de Gouvion Saint-Cyr e François Burin des Roziers, terceiro de uma família de cinco.

1936–1947 — Ensino primário e secundário em Santa Maria de Montceau, em Paris.

1946–1954 — Guerra da Indochina.

1947 — Obtém o diploma de estudos secundários, *baccalauréat*, opção Filosofia.

1947–1948 — Ano de Letras Superiores (*hypokhâgne*) no Lycée Henri IV.

1948–1951 — Licenciatura em Direito.

1951–1953 — Pós-Graduação em Direito Público.

MAIO–JUNHO DE 1953 — Viagem solitária, de carona, por vários países do norte da Europa.

OUTONO DE 1953 — Escolha do tema da tese em Direito comparado.

MARÇO 1954 — Roma condena a "experiência" dos padres operários.

MAIO–OUTUBRO DE 1954 — Serviço militar na escola de recrutas de Tarbes; em seguida, na escola de oficiais da reserva de Saumur. Grau de tenente.

1954–1962 — Guerra da Argélia.

1955–1956 — Serviço militar na África do Norte: Tunísia, Marrocos e Argélia.

1956–1957 — Ph.D. na Universidade de Cambridge. Encontro com Yves Congar.

23 DE OUTUBRO DE 1957 — Diploma de Direito Comparado, Universidade de Cambridge.

18 DE DEZEMBRO DE 1957 — Defesa da tese na Universidade de Paris, *A distinção do Direito Civil e do Direito Comercial, e o Direito Inglês*. Menção honrosa.

4 DE JANEIRO DE 1958 — Entrada no noviciado da Ordem dos Pregadores, na Província da França, em Lille.

15 DE JANEIRO DE 1958 — Recebe o hábito.

MAIO DE 1958 — Charles de Gaulle volta ao poder. Constituição da V República Francesa.

4 DE JULHO DE 1958 — Prêmio Levy Ullmann de melhor tese do ano.

7 DE JANEIRO DE 1959 — Profissão simples, final do noviciado.

1959–1965 — Estudos de Filosofia e Teologia no convento de estudo Le Saulchoir, em Étiolles.

1962–1965 — Concílio de *aggiornamento* da Igreja Católica com o Concílio Vaticano II.

8 DE JULHO DE 1962 — Ordenação diaconal, Le Saulchoir.

7 DE JULHO DE 1963 — Ordenação sacerdotal, Le Saulchoir.

1965–1970 — Convento de Saint-Jacques, Paris. Nomeado capelão, pelo padre Rettenbach, dos estudantes das faculdades de Direito e Economia no Centro Saint-Yves, na rua Gay-Lussac, quarto distrito de Paris.

MAIO-JUNHO DE 1968 — Participação nos eventos do Quartier Latin.

JUNHO DE 1970 — Deixa o convento de Saint-Jacques para formar uma pequena equipe com Jean Raguénès. Instalação em casa popular, em Besançon.

JUNHO DE 1970–JUNHO DE 1971 — É contratado como trabalhador temporário em diversas empresas de Besançon como operário, motorista, zelador.

JUNHO DE 1971 — Passa a viver sozinho em Annecy, Haute-Savoie. É contratado como auxiliar da DDASS para investigar as condições de alojamento dos trabalhadores migrantes.

PRIMAVERA DE 1973 — Participa na criação e animação do Comitê Verdade-Justiça em Annecy para defender populações vulneráveis (povo da rua, migrantes sazonais, doentes...), inclusive via ações na Justiça.

AGOSTO DE 1974 — Suicídio de Tito de Alencar, frade dominicano brasileiro em exílio na França.

MARÇO DE 1977 — Demanda ao provincial dos dominicanos do Brasil uma possível instalação no país.

15 DE DEZEMBRO DE 1978 — Chega ao Brasil.

PRIMAVERA DE 1979 — Estágio no CENFI em Brasília para aprender português e a história e cultura brasileiras.

1979–1990 — Vincula-se à CPT em Porto Nacional e Gurupi para defender os posseiros em conflitos de terra, particularmente no Bico de Papagaio.

1984 — Inscrição na OAB.

1989 — Queda do Muro de Berlim e colapso do comunismo na Europa Oriental.

1990 — Queda do governo sandinista na Nicarágua.

1990 — Ano sabático para viajar pela América Central (Nicarágua, El Salvador, Cuba, Honduras, Haiti, México e Guatemala) e América do Sul (Peru e Bolívia), em busca de um novo lugar de trabalho.

FEVEREIRO DE 1991 — Em vez de se estabelecer na Guatemala, se muda para Rio Maria, no Pará, para ajudar padre Ricardo Rezende após o assassinato de Expedito de Souza, presidente do Sindicato dos Trabalhadores Rurais de Rio Maria. Fundação da rede de Comitês Rio Maria para lutar contra a impunidade dos fazendeiros mandantes de assassinatos políticos.

26 DE NOVEMBRO DE 1994 — É laureado com a Legião de Honra (Cavalheiro), recebida em Rio Maria das mãos do embaixador da França no Brasil.

1994–1995 — Condenação dos assassinos de João Canuto, primeiro presidente do Sindicato dos Trabalhadores Rurais de Rio Maria, morto em 1985.

1999 — Com Aninha, transferência da CPT de Conceição do Araguaia para Xinguara, para continuar a luta contra o trabalho escravo nas fazendas.

JUNHO 2000 — Julgamento e condenação de Jerônimo Alves Amorim, mandante do assassinato de Expedito Ribeiro de Souza.

16 DE MAIO DE 2002 — Reportagem do programa *Envoyé spécial* [Enviado especial] da TV France 2, intitulada "Henri Burin des Roziers, advogado dos sem-terra".

2002 — Recebe a Medalha Chico Mendes de Resistência (Rio de Janeiro).

2005 — Recebe o Prêmio Internacional de Direitos Humanos Ludovic Trarieux (Paris).

2009 — Recebe o Prêmio Alceu Amoroso Lima (Rio de Janeiro).

2013 — Recebe o Prêmio João Canuto (Rio de Janeiro).

2013 — Após vários acidentes cardiovasculares, volta para a França. Assignação no convento de Saint-Jacques em Paris.

2017 — Morte súbita no convento de Saint-Jacques, em 26 de novembro de 2017, dia da festa do Cristo Rei e Pastor.

Primeira edição, abril de 2018
Segunda reimpressão, agosto de 2019

O texto original da entrevista com Sabine Rousseau, em francês,
foi publicado por © Les Éditions du Cerf, 2016
www.editionsducerf.fr
24, Rue des Tanneries, 75013, Paris, France
ISBN: 978-2-204-10541-5

Dados Internacionais de Catalogação na Publicação (CIP)
Angélica Ilacqua CRB-8/7057

Burin des Roziers, Henri, 1930-2017
Apaixonado por justiça : conversas com Sabine Rousseau e outros escritos/
Henri Burin des Roziers; tradução e adaptação Igor Rolemberg e Xavier Plassat.
São Paulo : Elefante ; Comissão Pastoral da Terra, 2018.
256 p. : il.

ISBN 978-85-93115-13-4

Título original: Comme une rage de justice

1. Burin des Roziers, Henri, 1930-2017 - Entrevista 2. Dominicanos - Brasil - Biografia
3. Reforma agrária - Brasil - História I. Título II. Rousseau, Sabine III. Rolemberg, Igor
IV. Plassat, Xavier

18-0390 CDD 271.202

Índices para catálogo sistemático:
1. Frades dominicanos : entrevistas

COMISSÃO PASTORAL DA TERRA
Rua 19, nº 35, 1º andar, Edifício Dom Abel
Goiânia-GO, CEP 74030-090
(62) 4008-6466 ou cpt@cptnacional.org.br

COMISSÃO DOMINICANA DE JUSTIÇA E PAZ NO BRASIL
Avenida Goiás, 174, Edifício São Judas Tadeu, sala 601
Goiânia-GO, CEP 74010-010
(62) 3229-3014 ou justpaz@dominicanos.org.br

EDITORA ELEFANTE
editoraelefante@gmail.com
editoraelefante.com.br
fb.com/editoraelefante
@editoraelefante

fontes **DAPIFER & CF INTEGRAL**

papéis **CARTÃO 250 G/M² & POLEN SOFT 70 G/M²**

impressão **FORMA CERTA**

tiragem **300 EXEMPLARES**